セーレン・
キルケゴール

コペンハーゲンの
図書館前に置かれた肖像

キルケゴールが散策したと言われる、ユトレヒト半島の先端にあるギレライエと、そこに置かれた石碑。

てってい的にキルケゴール

その一

絶望ってなんだ

中島義道

ぷねうま舎

装画＝川名 京
装丁＝矢部竜二 BowWow

てってい的にキルケゴール　その一 ◆ 目次

第二章　絶望の秘密――〈B　この病（絶望）の普遍性〉

はじめに　キルケゴールを読むということ

1　セーレン・キルケゴールという男

これから、キルケゴールの『死にいたる病』の解読に入ります。

訳本は、桝田啓三郎訳（ちくま学芸文庫版、一九九六年）を使います。そのほか手に入りやすいものとしては岩波文庫版（斎藤信治訳）、最近では、講談社現代文庫版（鈴木祐丞訳）も出ましたが、ちくま学芸文庫版は翻訳がこなれていて、かつ訳注や解説が充実していて、とても使いやすいので。

哲学塾ではこれまでも、キルケゴールはよく読んできました。『不安の概念』（岩波文庫、一九七九年）、『あれかこれか』（世界の大思想三二、河出書房新社、一九七二年）、『怖れとおののき』、『イロニーの概念』、『反復』、『瞬間』、『序文ばかり』、『人生航路の諸段階』（以上、キルケゴール著作集、白水社）などを、それぞれ断片的に読みあさりました。

じつは、私自身、キルケゴールとの付き合いは長い。東京大学の教養学部教養学科に進学してすぐに（二〇歳のころ）、キルケゴール研究の第一人者であった杉山好先生（『キリスト教の修練』著作集一七、白水社の翻訳者）の演習をとりました。先生は内村鑑三の創設した無教会派に属する熱烈なクリスチャンであって、受講生もクリスチャンが多く、その後先生のご自宅での無教会派の集会に出たりして、とても「キリスト教的入り方」をしました。当然、何がなんだかわからなかったのですが、やはり「何か」かがひっかかったのですね。

その後、白水社の著作集を買って、ぼちぼち読んでいきましたが、キルケゴールが私の大切な哲学者の一人になったのは、その直後の大学紛争の折り、家に引きこもっていたときに、サルトルの『嘔吐』やカミュの『異邦人』などに心酔していたおかげで、「はっ」とその感触がつかめたからでしょうか。

私は子供のころから、「結局は死んでしまうのだとすると、人生にはまったく意味がない」と思っていましたが——そして、ずっとそう思ってきて、いまでもそう思っていますが——、その通りのことを、サルトルやカミュが言ってくれていて大感激したと同時に、この本のタイトル、『死にいたる病』にまず惹かれ、ほとんど消化不良ながら、なぜか、「なにもかもその通り」と思いました。すなわち、細部はともかく、この人生が「死にいたる病」であることは確かだと再確認したのです——こういう表層の解釈はじつは誤解です。

現代日本では、キルケゴールはニーチェと並んで名前だけはポピュラーですが、ニーチェよりずっと敷居が高い。それには、それなりの理由があって、一、あまりにも熱烈なクリスチャンであること、二、そのすべての理論がヘーゲル批判であること、この二つのハードルのせいだと思います。どちらもなかなか高いハードルであり、わが国近代の小説家も、ニーチェについては猫も杓子も語るのに、キルケゴールとなると、さっぱり声が聞こえてこない。

やはり、戦後のサルトルやカミュのカリスマ的人気によってはじめてキルケゴールはポピュラーになったのですが、それでもキルケゴールに深く影響されたという小説家はすぐには思い浮かびません。じつは、ヨーロッパでもそうであり、もともとデンマーク語で書かれていることもあり、ハイデガーやサルトルが宣伝する前は、キリスト教関係者のなかで特異な作家として知られていただけなのです。「キリスト教」と言っても、じつは現代日本人はギリシャ正教のことをほとんど忘れていて――じつは、彼らのほうが東ローマ帝国の首都コンスタンティノープル教会を受けつぐ正統派です――、またイギリス国教会も念頭になく、カトリックとプロテスタント――ドイツ語では"evangelisch"という――だけがかろうじて残っている。そして、キルケゴールは、カトリックにはまったくと言っていいほど興味がなく、純粋にプロテスタントのルター派の世界だけに生きているのですが、じつはさらに限定されていて、彼の視野にあるのは、一九世紀中庸のデンマーク国教会だけなのです。

その国教会を牛耳っていたのが正統的ルター派であり、同時にヘーゲル哲学であったのですから――強調しておきますが、ヘーゲルはキルケゴールに負けないくらい狂信的なクリスチャンなのです――、キルケゴールの身を挺した闘争は、キリスト教全体から見れば、まさにコップ(デンマーク国教会)のなかの嵐にすぎない、と言っていいでしょう。

しかし、先に言ったように、戦後、キルケゴールは実存主義の教祖として祭り上げられ、それも、じつに不思議なことに――このあたりがキルゴール復活の「鍵」となります――、ハイデガー、サルトル、カミュといった、神を否定する人々によって担ぎ上げられた。こうした運命によって、すなわち熱烈なクリスチャンというあり方がゼロにまで薄められて紹介されたことによって、わが国ではキルケゴールは、キリスト教とは無関係な、「孤独な人間のあり方」を語る作家という不思議なとらえられ方をしてきました。

それでも、ある程度「わかってしまう」ところが危険なのです。例えば、「単独者(der Einzelne)」という彼の有名な概念がありますが、これも引きこもりの青年の心をぐっとつかんで放さないもしれないけれど、「常に神の視線を痛いほど浴びながら、自殺もできないという極限状態」なのであって、「誰もわかってくれない、友人も恋人もいない、寂しい！」という状態からはかけ離れている。したがってこの講義では、クリスチャンではない「普通の」日本人にとって、キルケゴールの思想がいかに不思議なもの、奇妙奇天烈なものであるか、ということを強調して読解を進めていこうと思います。
キルケゴールの生涯はとても面白いものであり、まさに実存主義の開祖なのですから、その作品とその生涯とは切り離せないのですが、それは桝田啓三郎訳の「解説」でもある程度紹介されていますし、他にもさまざまコンパクトな解説書が出ていますので、そちらに委ねます。ここでは、以下、適度に彼の人生航路を交えながら進んでいくことにします。

2　教化的と学問的

「序」において、すでにキルケゴールらしさがふんだんに盛られています、ほとんど不当と言いたくなるほど、あれこれ盛り込んで書いている。しかし、論旨は明晰です。

多くの人々には、おそらく、この「論述」の形式は奇妙に思われることであろう。それは多くの人々にとっては、教化的でありうるためにはあまりに厳密にすぎ、また、厳密に学問的でありうるためにはあまりに教化的にすぎる、と思われることであろう。
（『死にいたる病』桝田啓三郎訳、ちくま学芸文庫、一九九六年、一五頁）

「教化的」という概念については、訳注〔桝田注（2）〕に細かい説明がありますが、右の文章はすべてヘーゲルに対する挑戦の表明です。今後、この本の哲学的あるいは宗教的議論に入って、何かを非難、否定、拒絶、軽蔑……していたら、それはすべてヘーゲル批判だと見て間違いない。ヘーゲルは、概念をもって、すべてを、全自然を、全世界史を、そればかりか神をも語り尽くせると考えていた。それをキルケゴールは批判したかった――というふうに筆（キー）が滑っていくのですが――、そう書いてしまうと、じつはとても危険なのです。

というのも、現代日本人にとって、「概念をもって、すべてを、神をも語り尽くせる」というヘーゲルの考えがさっぱりわからず、それを否定しようとするキルケゴールの考えはすっとわかってしまうからです。キルケゴールが身を挺して、「概念より重要なのは実存だ！」と語ることが、当時どれほど異様であり物笑いの種であったかがわからない――実際、彼はポンチ画の対象になったほど、街を歩くと「ああなってはいけないよ」と親が子供にささやく声が聞こえるほど、当時のデンマークの人々（とくに「善良な市民」）からはずれていたのです。

このことを言い換えれば、われわれ現代日本人には、キルケゴールの宿敵であったヘーゲル哲学がいかに当時のデンマーク国教会で力をもっていたかがわからないということです。このことは、これから何度も強調します。概念をもってすべてを表わすことが「できる」というヘーゲルの立場がわからなければ、それに命を懸けて反抗したキルケゴールが、そしてこの書、『死にいたる病』がわかるわけはない。

いま・ここの、「この私」は概念を超えた（いわば）絶対的な存在であるという実存主義の基本思想が、「ごく自然に」見えるようではダメなのです。キルケゴールはルターに、さらには原始キリスト教に戻ることによって、一八〇〇年にわたるキリスト教史を否定しようとした。すなわち彼によれば、全キリスト教の歴史は原始キリスト教の否定ですから、これは否定の否定なのですが、それを現代日本人はごく単純な肯定ととらえてしまう。そこに危険があるということです。

先走ったかもしれません。引用文に戻ります。この最初の文章もじつにわかりにくい。この書の扉を見ると、「教化と覚醒のためのキリスト教的、心理学的論述」とある。すなわち、キルケゴールの著作には二種類あって、その一つは教化のためのもの、先に挙げた『キリスト教の修練』や『野の百合、空の鳥』（著作集一八、久山康訳、白泉社、一九九五年）などがあって、読者を（真の）キリスト教に導くための牧師の説教のような言葉が連なっている。しかし、キルケゴール・ファンと自称する人（現代日本人）でさえ、こういう著作は読まない。

現代日本人が読むのは、もう一種類の「心理学的論述」だけなのです。そして、後ろの訳註（桝田注（43））にもありますが、当時心理学は現代とは違った意味をもっていて、学問というより「人間の心を洞察する技術」くらいの意味であって、例えば、ニーチェはドストエフスキーを「優れた心理学者だ」と絶賛しています。キルケゴールの場合、心理学は人間の心を――神の視点ではなく――人間の視点から分析することです。ですから、「心理学的」は人間の心を神の視点から分析する「教化的」とは対極をなす概念であるわけです。

「教化」と並んでいる「覚醒《かくせい》」は、「（真の）キリスト教に覚醒すること」という意味であることはいいでしょう。ここにも、「ヘーゲル哲学からの覚醒」という意味が籠められているように思います。

さて、これで大体準備ができたのですが、それでも「教化的でありうるためにはあまりに厳密にすぎ、また、厳密に学問的でありうるためにはあまりに教化的にすぎる」という意味がすとんとわかるわけではない。字面を分析すると、どうもA「厳密に学問的すぎて、教化的ではない」ことと、逆に

B「教化的すぎて、厳密に学問的ではない」という対比が問題であるらしく、しかも「この書」〔『死にいたる病』〕はAとBという『論述』の形式」になっているから、「多くの人には奇妙に思われることであろう」という構造になっている。

ここまで分析し、その真意は保留して、次に行きましょう。

このあとのほうの意見については、わたしも別に異存はないが、しかし、前のほうの意見に対しては、わたしは違った考えをもっている。すなわち、もしほんとうにこの書の論述があまりに厳密にすぎて教化的でないとしたら、それは、わたしの狙いからすると、失敗だったことになるであろう。

（桝田訳、一五頁）

先の分析結果を用いると、「あとのほうの意見」、すなわちB「教化的すぎて、厳密に学問的ではない」という意見なら「わたしも別に異存はない」けれど、「前のほうの意見」、すなわちA「厳密に学問的すぎて、教化的ではない」としたら、この書は失敗だというのです。

キルケゴールはこの書を、人間の視点に立って「心理学的」に書いたのですが、同時に神の視点に立って「教化的」であることに狙いを定めてもいる。いや、あとの視点のほうにより重みを置いている。したがって、この書を読んだ読者が「教化的すぎて、厳密な学問としては認められない」という感想をもっても許容するけれど、逆に「厳密に学問的でありすぎて、教化的ではない」という感想をもったら、それは失敗だということです。

このことがわかりにくいのは、やはりヘーゲル哲学が背景にあるからであり、以上の文章すべてには、ヘーゲルの書いたキリスト教に関する著作は、「厳密に学問でありすぎて、教化的ではない」ではないか、という不満の呟きが籠められている。よって、この書がそれと同じだというなら、ヘーゲルと同様、大失敗なのですが、逆に「教化的すぎて、厳密な学問としては認められない」というなら、ヘーゲルとは真逆だから、むしろ大成功だ、というわけです。冒頭に言った、ハードル（二）であって、キルケゴールのほとんどすべての文章にヘーゲルに対する恨みつらみの影がつきまとっているのですが、それがなかなか読み取れない！

3　ヘーゲルに対する恨みつらみ

しかも、それればかりではない。ふたたび中扉を見てください。左下に「アンティ・クリマクス著、セーレン・キルケゴール刊行」という謎めいた作者が書いてある。キルケゴールは著書を刊行するときに、若いころから偽名を使う。なぜなら――これもさまざまに言えますが――、いろいろな自分の視点から書いているからです。なお、桝田訳の注（3）（4）にこの書の成立事情に関する説明がありますので参照してください。

しかし、キルケゴールはかなり手がこんでいる。一冊の著書のなかに二人の著者が登場してくるのです。キリスト者――どうもこの文脈で語るときは、「クリスチャン」よりこちらのほうがしっくりくる――として立派な自分（アンティ・クリマクス）が、キリスト者としてダメな自分（セーレン・キルケゴール）に向かって書いている。すでにキリスト教の真理に到達した理想的自分（アンティ・クリマクス）の高みから、それに到達しようともがいているダメな自分（セーレン・キルケゴール）を書いているのです。

このことが、先の「教化的」と「心理学的」とに呼応します。前者が神の視点（アンティ・クリマクス）であり、後者が人間の視点（セーレン・キルケゴール）であって、この書では両者が重なり合っているということです。しかし、これは何も書くさいの技術に限定されない。この書にもちらっと出てきますが、キルケゴール自身、殉教者のような狂信的キリスト者という側面と、社交的な女たらしの享楽家という対極的側面をもって実際に生きていた――このあたりが、じつに魅力的なのですね。著書の構造は生活そのものの構造だというわけです。

これは、きわめて重要なことですが、キルケゴールは若いころ――つまり一八三八年五月五日、彼の二五歳の誕生日と推定されている（工藤綏夫『キルケゴール』清水書院、二〇一四年、五八頁参照）――、原罪を徹底的に自覚するという特異な体験によって――彼はこれを「大地震」と呼ぶ――完全に神と出会っているのです。しかも、彼はキリスト者のリーダーとして牧師になるための努力をしながら――じつはこの書を出版する直前まで――、「なぜか」自分をそれに適応させることができなかった。疑いなく、まっすぐに牧師への道を突き進むことができず、自分のなかにうごめく手に負えない不安に苛まれ、そういう「心理学的・人間的なもの」を無視できなかったのです。しかも、これは「誰にでもある悩み」といったレベルではなく――このことは、いずれ細かく論じようと思いますが――、自分のなかの「穢れた血」にひっかかり続けた。神が存在することは絶対に確実である。しかし、「この穢れた血を有している自分」は救われないかもしれないという、「恐れとおののき」に打ちのめされていたのです。

驚くほど真摯ではないでしょうか？　いまや、キリスト教の熱心な信者は、自分が救われるという大前提で神の存在を信じているように見えますが、よく考えてみると、もともと神の存在に対する信仰と自分が救われるという信仰とは別だったはずであり、どんな熱心な信者でも、救われないかもしれないという「怖れとおののき」に捕らえられるはずですが、どうもそのような緊張は日曜ごとに教会に集う夥しい信者たちの誰にも見られない。キルケゴールはこの事実を徹底的に見据える。そして、当然のように自分は救われるという前提のもとに、めかしこんで教会に通い、安心しきった目で牧師の説教を聴いている善男善女に厳しい視線を向けるのです。

4　戦闘の教会と勝利の教会

原始キリスト教の時代は、キリスト者とわかったら殺されかねなかったのであり――これを「戦闘の教会」と言います――、こうした状況のもとに、真の信仰は成立する。しかし、現代のように世俗にまみれた生活をし、日曜日ごとに教会に行けば尊敬される――これを「勝利の教会」と言います――という状況では、真の信仰はありえない。キルケゴールはそう考える。こうして、この書は、アンティ・クリマクスの立場から、自分（セーレン・キルケゴール）を非難するという自己完結した構造をとりながら、同時にこういう男女を非難する書でもあるのです。

彼は初め、牧師になるためにコペンハーゲン大学の「上級学部」である神学部に入学するのですが、遊びほうけてそこを退学し、哲学部という「下級学部」に入りなおす。ちょうど、法学部という「上級学部」への志望を変更して、教養学部（教養学科）という「下級学部」に進んだ私のようです。

キルケゴールは、卒業論文（修士論文）で、『イロニーの概念』を書きますが、当時はラテン語かドイツ語で書くという決まりだったのに、それを破って学部始まって以来の、デンマーク語で書く、というつわもの振りを発揮しました。これは、イエスとソクラテスの言葉（言語行為）を「イロニー

（Irony）」という観点から比較検討したものであり、すでにキルケゴールの全貌が現われていて、いろいろ内容についても書きたいのですが、それは追々ということにします。

ここでは、キルケゴールが、卒業論文において、両者は意図的に「わかる人にはわかり、わからない人にはわからない」という語り方をするという点に注目しました――イエスはすべてを喩えで語りますし、ソクラテスは絶えず「私は何も知らない」と語ります。これが「イロニー」ですが、さすがに「皮肉」とは訳せず、代々片仮名のままの表記になっている理由です。

イエスとソクラテスが語るのは、それによって、わかる人とわからない人とを区別するためです。カントやヘーゲルは理性主義ですから、どんなに難解な言語を使っても理性的であれば、わかるはずだという大前提で書き、そして講義しました。しかし、キルケゴールは「わかる人」だけに「わかる」ように、「わからない人」には「わからない」ように、いや断じて「わからせない」ように書いた。

こうした態度は、ニーチェの『ツァラトゥストラ』の扉にある「万人のための、そして何びとのためでもない一冊の書」という思想にも直結するものです。

以上のことが頭に入っていないと、次の文章は読めません。

この書の論述についてくるだけのいろんな前提を誰でもがもっているわけではないのであるから、この論述が誰にとっても教化的であるというわけにはいかないのはもちろんのことであるが、このことと、この論述が教化的なものの性格をもっている、ということは別の事柄なのである。

（一五頁）

私が、この書においていかにすばらしく教化的なことを書いても、「この書の論述についてくるだけのいろんな前提を誰でもがもっているわけではないのであるから、この論述が誰にとっても教化的であるというわけにはいかないのはもちろんのこと」なのです。それにもかかわらず、ニーチェの先の言葉のように、たとえ誰に理解されなくとも、この書は「教化的なものの性格をもっている」というわけです。

これでもう話がすんでいるようですが、この次にキルケゴールがわざわざ次の文章を添えた理由がわかるでしょうか？

すなわち、キリスト教の立場からすれば、すべてがすべて、教化に役立つものでなくてはならないのである。結局において教化的でないような学問のあり方は、それだけの理由で、非キリスト教的なのである。

（一五―一六頁）

そう、ヘーゲル批判です。何か文脈的にしっくりしないなあと思ったら、ヘーゲル批判だと考えてほぼ間違いない。すなわち、ヘーゲルのように「結局において教化的でないような学説のあり方は、それだけの理由で、非キリスト教的なの」です。

字面はそれほど難しくはないけれど、独特の読み方をしなければ正確には読めないことがおわかりと思います。

キルケゴールを取り上げるために考えたのですが、私はカント以上にキルケゴールによって哲学的に「育てられて」きたので、言いたいことが山のようにある。そこで、本書〔私が書き進めつつある、この著書』では、『死にいたる病』を逐一解説しますが、それに他の著作も適宜紹介して、いや、さらには彼の人生のさまざまな情景を追いながら、「キルケゴール入門」という形にしたらどうだろうか、と。

じつのところ、私はカントという男にはほとんど興味がなく、カントが生涯離れなかったケーニヒスベルクにはいきたくもなく、たとえ近くにカント博物館が新設されても、義務的に――仕事上――入館するだけでしょう。これに対して、キルケゴールには、ぞっこんで、彼の哲学する態度は自分にとっては理想的だと思っている。ですから、コペンハーゲンにもいきましたし、彼が悩みに悩んだすえ自分の哲学（実存主義）を確立したと言われているユトレヒト半島の先にあるギレライエも訪れました。そういう自分のキルケゴール体験も適当に取り入れながら、さらに続けていこうと思います。

5　病床に望んだ医者の話しぶり

すべてキリスト教的なものの叙述は、病床に臨んだ医者の話ぶりに似たものでなくてはならない。たとえその話をよく理解するのは医学に通じたものだけであるにしても、病床に臨んで話されるのだということを、けっして忘れてはならないのである。（一六頁）

教化だからとて、酒に酔わせるように信仰に酔わせてしまってはいけない、これがキルケゴールの言いたいことであることは明らかでしょう。では、「臨床」とは何か？　われわれ人間は、みな「死にいたる病」の床にあるのであり、キルケゴールはその臨床医なのです。その場合、病床にいる者は誰でも、多少学問が乏しくても、自分がいかなる状況にあるのかがわかるはずですから、医者が患者の陥っている状況を真剣に伝達するように、哲学者は「死にいたる病」の患者が陥っている状況を真剣に伝達すべきだ、ということ。

キリスト教的なものの人生に対するこのような関係（これは、学問というものが人生から遠く離れて冷然としているのとは反対であるが）、もしくは、キリスト的なもののこのような倫理的な側面、これこそ、まさしく教化的なものなのであって、この種の叙述は、それがとにかくどれほど厳密であろうとも、あの種の「冷淡な」学問のあり方とは、全然違ったものであり、質的に異なったものである。（一六頁）

「学問」とはもちろんヘーゲル哲学のことであり、それは「人生から遠く離れて冷然としている」。こうした文脈における「人生」とは「実存」のことなのですが、ここで「実存主義」とは何か、知らず知らずに誤解してしまう人がいますから、以上の文脈にそって誤解を防いでおきましょう。

それは、まさに「思惟実体」とか「超越論的統覚」、あるいは「精神」ではなく、「このかけがえのない私のあり方」に注目するということに尽きる。そして、その呼称は「本質（essentia）と実存（existentia）」という伝統的対比に遡ります。例えば、本質とは「人間一般」であり、実存とは「この人間」です。すると、実存主義とは、後者こそ真の意味で「存在する」と主張するのですが、これまた現代日本人にはあたりまえすぎて、かえって意味がわからない。

というのも、西洋哲学において伝統的には、前者こそ「真に存在する」とみなされてきたからです。

イデア論しかり、幾何学しかり、道徳法則しかり、理性しかり……です。この対立を最終的に壮大な大活劇（?）に仕上げたのがヘーゲルであり、本質（概念）がいかにして、実存（個々の存在）をそのうちに取り込んでいくかが、弁証法という万能薬によって論証されている。

そして、これをキルケゴールが「人間」に限って批判しているのであり、他のものはいざ知らず、人間は「人間一般」という本質であるよりは、「個々の人間」である実存こそが真の存在である、と主張する。これを正確に受け継いだのが、サルトルであって、彼はこれを「実存は本質に先立つ」という有名な命題で表わしています。

繰り返しになりますが、現代日本人には以上のことはあたりまえすぎてかえってぴんとこない。しかし、キルケゴールからサルトルにかけての警告は、そんな現代日本でも有効であり、やはりいまなおヘーゲル主義が強力に支配している、と私は思います。と言うと、「えっ?」と思われるかもしれませんが、現代においても、とかくわれわれは死をかけがえのない「各自の死」としてとらえずに、「数」で、あるいは「死に方」でとらえてしまう。アウシュヴィッツで、広島の原爆で、東日本大震災で死んだ人々が特別の意味をもってしまう。いままさに感染拡大が続いている新型コロナウイルスによる死者もそうです。

しかし、一人の人が死ぬということに関しては、これらの理由によって死ぬことには、いかなる特別の意味もない。老衰で死のうが、餅が喉にひっかかって死のうが、路上で凍死しようが、同じこと。その「厳粛さ」に変わりはない。しかし、毎年原爆慰霊祭や東日本大震災の慰霊祭があり、繰り返しその死を忘れないように人々は誓いますが、毎日生じる全世界での、数万、数十万もの地味な死は——親近者以外は——すぐに忘れてしまうのです。

引用箇所に戻ります。「キリスト的なもののこのような倫理的な側面、これこそ、まさしく教化的なものなのであって」とはいかなることか？　キルケゴールは、あれほどヘーゲルに反対しながら、その概念図式はヘーゲルそのものなのですが、個々の概念にはヘーゲルとは異なった独特の意味を与えている。とくに、この「倫理的（ethisch）」という概念は要注意です。ヘーゲルは、カントに反対して「道徳的（moralisch）」と「倫理的」とを区別し、前者は個人の心情、後者は家族・地域社会・国家など共同体における「……すべし」という掟であって、前者よりずっとレベルが高いというのです。

ここまでは、さもありなんというところですが、キルケゴールも初期のころは、これに準じた使い方をしていました。『あれかこれか』では倫理的生き方と美学的生き方とを対比させ、前者は立派な家族、立派な職業をもつ立派な社会人――すなわち立派なキリスト教徒――、後者はドン・ファンのような放蕩者であって、前者が後者を「いさめる」という形になっている。

ここで、さきほど触れました、「知らず知らずに誤解してしまう実存」の意味にかかわってきますが、キルケゴールにおいて「実存」とは、サルトルのように家族も職業ももたないヒッピーのような生き方ではなく、まさに牧師がその典型であるように、「善き市民＝善きキリスト教徒」を意味しているのです。キルケゴールは現実の牧師どもは軽蔑していましたが、天啓のように「実存主義」が閃いた後に、レギーネというお嬢様と結婚すること、さらに立派な牧師になることを願った、しかしなぜかできずに「ならず者」として終わった、ということを何度でも心に留めておいてください。

ですから、サルトルの影響があまりに強いので強調しておきますが、キルケゴールにとって「実存」とは、具体的世界で具体的に生きるということ、それなのにヘーゲルは概念の大展開話に無我夢中で、足元の具体的人生をおろそかにしている、それが許せないのです。ヘーゲルが国家主義であるとか、ベルリン大学の総長であるとか、ドイツ哲学界の帝王である……ということはさしあたりどうでもいい。あとで出てきますが、ヘーゲルに対して「巨大な宮殿を建設して、その脇の犬小屋に住んでいる」と揶揄していることから見ても、ベルリン大学の総長も、キルケゴールにとっては実存を自覚して生きていない限り、「犬小屋」の住人にすぎないのです。

すでに言いましたが、キルケゴールは『あれかこれか』において、美学的段階と倫理的段階のほかに宗教的段階を設定しました。もちろんこれこそ真のキリスト者として生きる最高の段階です。しかし、この書のこの箇所では、倫理的段階と宗教的段とが融合している感じがする。よって「教化的＝倫理的」であるわけです。

ですから、キルケゴールの叙述もヘーゲルに負けないほど「厳密」なのですが、「この種の叙述は、それがとにかくどれほど厳密であろうとも、あの種の『冷淡な』学問のあり方とは、全然違ったものであり、質的に異なったものである」ことは当然でしょう。「冷淡な」のドイツ語は"nüchtern"であって「情熱的」の逆、あえて「情熱的」の側から見れば「しらけている」という感じであって、ヘーゲルは文面でどんなに信仰を語っても、キルケゴールの耳にはしらけて聞こえるということ。ここにあるのは、もう絶対的相違、――これもヘーゲルの概念なのですが――質的相違なのです。

6　この特定の単独な人間

そういう学問の超然たる英雄的精神《ヒロイズム》なるものは、キリスト教的に見ると、英雄的精神であるどころか、キリスト教的に言えば、一種の非人間的な好奇心でしかない。キリスト教的な英雄的精神とは、事実これはおそらくごく稀にしか見られないものではあろうが、あえてまったく自己自身になろうとすること、ひとりの単独な人間、神の前にただひとりで立つ人間に、この巨大な努力をなしこの巨大な責任を負いながらただひとりで立つ、この特定の単独な人間にあえてなろうとすることである。

（一六頁）

このあたりから「キリスト教的に言えば」とか「キリスト教的に見れば」という表現がやたらと出てくる。キルケゴールは「真のキリスト教的に言えば」と言いたいのであり、ヘーゲルがそうではないことに苛々している印象です。

「学問の超然たる英雄的精神」とは、ヘーゲル自身あるいはヘーゲル学派の学者や僧侶のように、森羅万象すべてを概念によって理解してしまうこと。しかし、じつはヘーゲルがこうできると確信していたことも、熱烈な信仰に基づくのです。すなわち、森羅万象を神が創造したのだから、その隅々まで概念によって理解できるはずだ、という信仰です。しかし、キルケゴールにとっては、これこそ傲慢以外のなにものでもない。それは、人間の個人の視点ではない「超然たる」視点、「（世界）精神」の視点に立っていることであり、人間を超えた「一種の非人間的な好奇心でしかない」のです。

そして次に、この書においてはじめて、「単独な人間」、すなわち「神の前にただひとりで立つ人間」という表現が出てきます。これは、まさしくルターの「神の前で（coram Deo）」そのままであり、これは容易なことではなく、「この巨大な努力をなし、この巨大な責任を負いながら」生きることであって、キルケゴールは、現代のデンマーク国教会について、ルター派を自認しながら、ルターの基本的スタンスを忘れていると言いたいのでしょう。
このあと、またヘーゲルに対する揶揄です。

しかし、純粋な人間ということばにたぶらかされていい気になったり、世界史の進展に対して驚嘆のしあいごっこをしたりするのは、けっしてキリスト教的な英雄的精神ではない。（一六頁）

ヘーゲルは、「純粋な人間」ということばの意味を探らずに——それは実存のうちにしかない——、これを概念的にとらえて満足し、「世界史」は進展するはずだという大前提で、この証拠をいたるところに探り当てて「驚嘆」したりしていますが、これは「一種の非人間的な好奇心」に基づいたものであって、断じてキリスト教的ではない。「キリスト教的な英雄的精神とは、……この特定の単独な人間にあえてなろうとすること」に尽き、それはきわめて稀であり、すべての労力をかけるべき英雄的精神なのです。

すべてキリスト教的な認識はその形式がともかくどれほど厳密であろうとも、気遣われたものでなければならない。そしてこの気遣いこそ、まさに教化的なものなのである。気遣いとは、人生に対する、つまり人格の現実性に対する関係であり、したがって、キリスト教的に言えば、厳粛さということである。（一六—一七頁）

ここに出てくる「気遣い（Bekümmerung, Sorge）」については訳注〔桝田注（9）参照〕にもありますが、「この特定の単独な人間」——ここでは「人格の現実性」と言いかえている——に対する気遣いのこと。人は、世界平和とか人類の運命などを熱心に探究し、あるいは森羅万象に対する好奇心にとらえられるけれど、おうおうにして自分自身が「何であるのか？」ということを「気遣う」ことはない。

このことは、哲学一般にも当てはまる。カントの『純粋理性批判』やヘーゲルの『大論理学』を、どれほど厳密に読解しようとも、カント学者であり、ヘーゲル学者であるにすぎず、それが同時に「この特定の単独な人間」に対する気遣いに基づいているのでなければ、哲学していることにはならないのです。

> 知識が冷淡に超然としていることは、キリスト教的の立場から言えば、よりいっそう厳粛であるどころか、キリスト教の立場から言えば、冗談であり、虚栄でしかない。しかし、厳粛ということは、また教化的なものなのである。（一七頁）

ここで言われている「厳粛さ」とは何のことでしょうか——これはドイツ語では"Ernst"です（原語はデンマーク語ですが、ここではドイツ語を参照します）。「誠実さ」と訳したほうがいいように思いますが？　いかなるものを探究しようとも、それは「この特定の単独な人間」に対する気遣いに基づいていることであり、それが自己に誠実であるということにほかならない。

ヘーゲルを笑ってばかりいられない。現代社会は、高度の知識をもちながら、この意味で気遣いがなく、誠実さのない学者や知識人で溢れているのではないでしょうか？　当人は、自分は真理を誠実に探究していると思いこんでいるのですが、実存に基づかないこうした真理の探究は、キルケゴールにとっては、「厳粛〔誠実〕であるどころか、冗談であり、虚栄でしかない」のです。

したがって、この小さな書物〔『死にいたる病』〕は、或る意味では、神学校の生徒にでも書けるようなものであるが、しかし、また別の意味では、おそらくどの大学教授にでも書けるとは限らないようなふうに出来ている。……しかももちろん、これが心理学的にも正しいのである。世間ではもっと儀式ばった様式もおこなわれてはいるが、そういう様式は、あまり儀式ばりすぎているためになんらたいしたことを言い表わさずに終わる結果になったり、そういう様式には人はすぐ慣れてしまうので、無意味なものになりがちだったりするものである。（一七頁）

キルケゴールの舌が回転し始めました。「世間では……」以下は、例によってヘーゲル批判とだけ言えば、その意味はもはや明瞭でしょう。問題はその前の文章ですが、この書――のような傑作――は、もしその人に真の信仰があれば、すなわち自己に誠実であれば、「神学校の生徒にでも書けるようなもの」ですが、そうでなければどんなに学問を積んでも書けない、と言っている。

そして、ここに出てくる「心理学的」というのは、すでに説明した、中扉に置かれたこの書の標題に添えられた「教化と覚醒のためのキリスト教的、心理学的論述」にもあるように、キリスト教的ではなく、人間の心理的にという意味です。アダムやアブラハムをキリスト教的に語ることもできましょうが、人間としてのアダムやアブラハムの心の動きを探る語り方もあり、このことをキルケゴールは『不安の概念』や『おそれとおののき』で試みています。

人間という観点から見ると、この書のような傑作が生まれたのは、キルケゴールという誠実な男によって書かれたからであり、ヘーゲルの著作が「儀式ばった様式」で書かれているけれど、真に訴える力がないのは、ヘーゲルという誠実性を欠いた男によって書かれたからである、というほどの意味でしょう。

7　絶望は病であって薬ではない

そして、最後の最後にキルケゴールは次のように宣言する。

ついでながら、むろん余計なことではあるが、その咎めを覚悟のうえで、ひとこと言わしていただきたい。つまり、本書の題名でもわかるとおり、絶望は、この書物全体を通じて、病として理解されていて、薬として理解されてはいない、ということを、わたしはここで、きっぱりと注意しておきたい。すなわち、絶望はそれほど弁証法的なのである。（一七頁）

これを解説するのは難しいのですが、「ついでながら、むろん余計なことではあるが」とあれば、たいそう重要なことを語りたいのだなと考えなくてはならない。キルケゴールのような一筋縄ではいかない著者の場合は、とくにそうです。そして、そのあとに「その咎めを覚悟のうえで」と続くのだから、これこそ本当に言いたいことなのだなと確信する。

そのこととは、「絶望は、この書物全体を通じて、薬として理解されてはいない」ということです。ここにこの書のすべての思想が凝集している。まず、「薬」とは何でしょうか？　さきほど医者の比喩がありましたから、誰かが病気になっていて、医者は当然それを治そうとする。その病名は「死にいたる病」、すなわち人生そのものです。

医者が「死にいたる病」に陥っている患者を診断して、「絶望」という薬を与えるわけではない。これは当然のように思われますが、ここには含みがあって、人生に絶望していないことが絶望的なのであり――あとでこの議論はさかんにします――、「死にいたる病」に実際に罹っているのにごまかしていることこそ「病」なのである。よって、医者はまず本人に、「死にいたる病」を自覚させ絶望させることが必要なのだ。でないと治療もできないから……という読み方がまずできるでしょう。

そして、キルケゴールはこれを弁証法的に否定するのです。すなわち、よくある皮相的解釈として、人生が「死にいたる病」であることを自覚しているほうが、むしろ人間として健全であり、本来的であるという解釈であり、ハイデガーがその典型です。しかし、キルケゴールはハイデガーと違ってごりごりのクリスチャンなのであり、絶望状態に投げ込めばそれで「治った」ことにはならず、絶望はそれ自体薬ではなく、治る――神と出会う――ための必然的段階であって、それを否定して治る――神と出会う――のです。この「序」は、なかなか示唆的な次の文章で終わっています。

同じようにまた、キリスト教の用語でも、死は最大の精神的悲惨を表わすことばであるが、しかも救済は、まさに死ぬことに、死んだもののように生きることにあるのである。（一七―一八頁）

最後の「死んだもののように生きる」と訳されたドイツ語は"absterben"であって、訳注（桝田注(11)）によりますと「キリストの十字架を通して」、すなわちキリストと共に「死んで」、「世のもろもろもろの霊力から解放されて『生きる』ことである」（二五七頁）とあります。

キルケゴール――に限らずクリスチャン――は、「死」に二重の意味を与えています。一、肉体の死、二、魂の死です。一は免れなくても、二を免れようとするのがクリスチャンです。一の意味で「死んだもののように生き」ながら、二の意味では死なないことを求める、これが信仰であって、みな一にばかりとらわれていますが、本当の死は二であって、これこそ「最大の精神的悲惨を表わすことば」なのですが、まさにこれから救われることが「救済」であるわけです――と、こう書きながら、われながら、なんと心の籠もっていない文章かとあきれますが……。

そして、この言葉が、中扉の裏にある詩――『（新約）聖書』パウロの「エペソ人への手紙」の解説に付せられた詩――の解釈を与えてくれます。

主よ、なんの役にも立たぬ物事に対してはわれらにかすめる目を与え、あなたのあらゆる真理に対してはこれを見る澄みさえた目を与えたまえ。

キルケゴールがこれを引いてきたことも、この書の性格をよく表わしている。なお。訳注〔桝田注(16)〕を参照してください。「なんの役にも立たぬ物事」とは信仰以外のすべてであり、それにできるだけ鈍感になって「あなたのあらゆる真理」（だけ）を冴え冴えと見えるようにしてもらいたい、ということ。

少しキリスト教的臭気が強すぎて、辟易する読者も少なくないと思いますが、先にも念を押したように、これだけではキルケゴール復活にはならなかった。これを、ハイデガーやサルトルが、無神論やニヒリズムに通じる思想として、まさにアクロバティックに復活させ（え）たということが、きわめて興味深いことではないでしょうか。すなわち、キルケゴールの一見がちがちのクリスチャン的思想は、キリスト教を超えて思わぬ普遍性をもっているのです――よって、もう少し辛抱してください。

なお、訳注〔桝田注（12）〕によると、「一八四八年」という年の後に、さらに長い「祈り」が書かれていた、ということです。

序章　死と原罪——「緒言」を読む

1　ラザロは死にたり

『死にいたる病』の「緒言」に入ります。冒頭からいきなり『（新約）聖書』「ヨハネ伝」の有名なラザロの話が出てきます。

「この病は死にいたらず」（「ヨハネ伝」11・4）。けれども、ラザロは死んだ。弟子たちが、キリストがあとから付け加えて言ったことば、「われらの友ラザロ眠れり、されどわれ呼び起こさんために往くなり」（同11・11）ということばを誤解したとき、キリストは弟子たちに率直に言った、「ラザロは死にたり」（同11・14）。

（一九頁）

解説の前に、この翻訳において私が個人的に違和感を覚えることを二つ挙げておきますと、まず聖書を古文で訳すこと。これは、私の先生くらいの世代はすべてそうであり、現代語訳は馴染まないそうですが、私は——ずっと後の世代だから？——古文のほうが馴染まない。もう一つは、右の引用部分にはありませんが、イエスの挙動に対して敬語を使うこと。これは、かえってイエスを人間臭くすると思います。

さて、「ヨハネ伝」によると、信心深いラザロが死んでしまい家族が嘆いている。それを聞いてイエスが、彼を生き返らせた、というだけの物語です。イエスが「ラザロは眠っているだけだから、起こしに往こう」と言ったのを、弟子たちが文字通りにとったので、イエスは「ラザロは死んだ」と言ったのです。ただこれだけですが、訳注〔桝田注（13）〕に、ある程度具体的状況が書かれていますが、これは何のことでしょうか？

弟子たちの発言は、一般にイエスの超能力を信じている者の発言であって、「われわれにはラザロが死んだように見えるが、先生には眠っていることがわかるのだろう」という解釈をする。そこで、イエスは「いや、ラザロは死んだのだよ」と答える。

かくしてラザロは死んだ、けれども、この病は死にいたらなかった。つまり、ラザロは死んでしまっていた、けれども、この病は死にいたらないのである。（一九頁）

ここで、同じ文章を二度繰り返しているのか、それとも初めは過去形、あとは現在（完了）形ですから、違ったことを意味しているのか、という問題が生ずる。こういう場合は、屁理屈にならないように気をつけて、なるべく違った意味の方向で解釈するほうがいい。とすると、初めは「この病は死にいたらなかった」というラザロの一回限りの死を、そしてあとは、このことを「この病は死にいたらない」という普遍的な観点から語りなおしているとも言える。まあ、これがすなわち強調とも解せるわけですが。そして、次は正統的ルター派の自然な解釈です。

ところでわたしたちは、キリストがともに生活していた人々に「もし信ぜば神の栄光を見」せるはずの奇蹟のことを考えておられたのであることを、よく知っている。キリストがラザロを死から呼びさましたあの奇蹟、したがって「この病」は死にいたらなかったばかりでなく、キリストが予言したとおり、「神の栄光のため、神の子のこれに由りて栄光をうけんがため」(「ヨハネ伝」11・4)のものであったというあの奇蹟のことを考えておられたのであることをよく知っている。

(一九頁)

すでに、「はじめに」を通じて、キルケゴールがいかにヘーゲルに対抗して語っているかを強調しましたが、彼は同じほど情熱的にルター派の正統的な聖書解釈に対して闘う。ここで引用したのは、まさにルター派の正統的な解釈です。しかし、ヘーゲルは不倶戴天の敵であっても、彼は牧師になる直前までいった男ですから、ルター派の正統的解釈に対しては、それをほぼ共有しながらも、無理にでもぐぐっと人間(実存)の方向に比重をかける。

ほかの例を引けば、『恐れとおののき』において、アブラハムがひとり息子イサクを生贄《いけにえ》にして燔《はん》祭《さい》に捧げるようにとの神の命令を受ける。『(旧約)聖書』によれば、アブラハムはこの命令を淡々と実行し、まさにイサクを殺そうとしたときに、神がその信仰の堅さを知って許し、その後アブラハムは信仰の父として称えられた……という偉人伝が語られている。そして、それが語り継がれて、みなアブラハムを賞賛し尊敬する。

しかし、キルケゴールはこう言いたい。たしかに神の命令とあれば、わが子でさえ殺そうとするアブラハムは、信仰の鑑《かがみ》かもしれない。だが、そう片づけていいものだろうか？　やはりアブラハムも人間であるからには、その命令を受けて「わからない！　わからない！」と叫びながら、信仰と父親としての自分とのあいだで、悩み苦しんだのではないか？

カントは理性主義者ですから、わが子を殺せという命令が神からくるわけがないと言って拒否しますが、キルケゴールにはその道はない。アブラハムの物語は紛れもない歴史的真実として受け容れるよりほかない。ただ、「わが子を殺せ」という過酷な命令を下す神の意図も、それに黙々と従う――とされている――アブラハムの意図も「わからない」。こうして、キルケゴールは、一方で、堅い信仰をもちながら、他方で、この「わからなさ」を大切にしていこうとするのです。

すでに触れたように、このあたりがハイデガーやサルトルという無神論的実存主義者に「受けた」のですね。

2　この病は死にいたらず

さて、ラザロに戻ります。キルケゴールは、ルター派の正統的解釈があまりに「きれいごと」であるときに、それに「ノー！」を突きつける。正統派からは、ラザロは信仰に篤かったから、イエスが「彼を生き返らせる」という奇蹟を行なったのであろう、という解釈がするっと出てきます。しかし、そう簡単に答えてもらっては困る、とキルケゴールは言いたい。こうした問いを投げかけたあとに続く以下の文章からがキルケゴールの真骨頂であり、言葉のきらめきのひとつひとつをしっかり捉えねばなりません。

ああ、しかし、たとえキリストがラザロを呼びさまさなかったとしても、この病が、死そのものさえが、死にいたるものでないということが、同じように言えるのではあるまいか？　キリストが墓へ歩み寄って、声高く「ラザロよ、出できたれ」（「ヨハネ伝」11・43）と呼ばれるとき、「この」病が死にいたるものでないことは、もちろん確かなことである。しかし、たとえキリストがそのことばを口にしなかったとしても、「復活《よみがえり》にして生命《いのち》」（11・25）であるキリストが墓に歩み寄るというそのことだけで、この病が死にいたらないことを意味していはしないであろうか！

（一九―二〇頁）

ここで、キルケゴールは単純な疑問を投げかける。信心深いラザロは、たとえ病によって肉体の死を迎えても、その魂は「死にいたらない」のではないか。とすると、「神の栄光のため、神の子のこれに由りて栄光をうけんがため」、ことさらイエスがここで「彼を生き返らせる」という奇蹟を起こす必要はないのではないか？

「『この』病」とは肉体の病ですが、イエスが「ラザロよ、出できたれ」（二〇頁）と呼ばなくても、ただ「墓に歩み寄る」（二〇頁）だけで、彼が選ばれた人間であることは明らかなのですから、彼には永遠の生命が保証されたも同然であって、そのうえわざわざ現に生き返らせる必要はないのではないか？　こういう問いです。

とすると、単にラザロが死人のなかから呼び戻されたことが、ラザロの場合、「この病は死にいたらず」ということではないことがわかる。この点をぐいぐい突いていくことによって、キルケゴールは「この病は死にいたらず」の真の意味、すなわち「死にいたる病」の真の意味を探ろうとするのです。

また、ラザロが死人のなかから呼びさまされたにしても、結局は死ぬことによってそれも終わりを告げねばならないのであるとしたら、それがラザロにとって何の役に立つことであろう――もしキリストが、彼を信ずるひとりひとりのものにとって復活《よみがえり》であり生命《いのち》であるような御方でなかったならば、それがラザロにとって、何の役に立つことであろう！　いや、ラザロが死人のなかから呼びさまされたから、それだから、この病は死にいたらないと言えるのではなく、キリストが現にそこにいましますから、それだから、この病は死にいたらないのである。（二〇頁）

初めの文章は付け加えるまでもないでしょう。こうして命を取り戻したラザロであっても、あと数十年で死んでしまうのですから、この奇蹟が「この病は死にいたらず」の意味でないことは確かです。このあとの、キルケゴールの力強い言葉の意味がわかりますでしょうか？

ふたたび引用しますと、「もしキリストが、彼を信ずるひとりひとりのものにとって復活《よみがえり》であり生命《いのち》であるような御方でなかったならば、それがラザロにとって、何の役に立つことであろう！」すなわち、ラザロが自分を死から呼び戻したイエスの言葉を信じないとしたら、ここで生き返ったとして、ラザロにとって何の役に立つのか、ということ――「役に立つ」とはいい表現ではありませんが、「救われる」ということです。

3 「人間的」と「キリスト教的」

おもうに、人間的に言えば、死は一切のものの最後であり、人間的に言えば、生命があるあいだだけ希望があるにすぎない。しかしキリスト教的な意味では、死はけっして一切のものの最後ではなく、死もまた、一切のものを含む永遠なる生命の内部におけるひとつの小さな出来事であるにすぎない。（二〇頁）

ここで「人間的に言えば」と「キリスト教的な意味では」とを対比させていて、これが「はじめに」で言った「心理学的」と「キリスト教的」とに対応します。その場合、注意しなければならないのは、キルケゴールがこの書で攻撃の矛先を向けているのは、デンマーク国教会であり、そこに属する聖職者であり、そこに集う善き市民たちであるということ。すなわち(自称)善きクリスチャンたちであり、キリスト教に反目する不信の輩ではなく、まして異教徒ではないということです。

あまりにも優等生的に「人間的（心理学的）」と「キリスト教的」とを分けて、アブラハムやヨブの英雄物語を賛美する人々、先の言葉をもう一度使えば、「勝利の教会」にどっぷり浸かって疑問を覚えない人々です。キルゴールはそうした人々に向けて「あなたたちは、ほんとうに信仰の厳しさがわかっているのか！」とカツを入れたい。

これで、なぜ、キルケゴールが「神は死んだ」と言ったニーチェと「似ている」と評されるのか、なぜ、ハイデガーやサルトルといった無神論的実存主義者によって復活させられたのか、という秘密が明らかになります。すなわち、キルケゴールにとっての本来の人間の姿は、日曜ごとに教会に通い聖書にしたがって安心して生活している善きクリスチャンより、むしろ神を求めながら、それを求めきれずに絶望している人に限りなく近くなるからです。

このことを踏まえると、キルケゴールがなぜラザロの復活に注目したかがようやくわかってくる。たしかに、ラザロが「死人のなかから呼びさまされた」としても、たかだかあと数十年で確実に死んでしまうのですから、ラザロを真の意味で救ったことにはならない。このとき正統的ルター派は、この点を強調して、ラザロの肉体の死を限りなく瑣末なものと考え、ただちに永遠の生命に希望を寄せる。こうした教会の教義にそった優等生的態度が、キルケゴールにとって耐え難いのです。

キルケゴールは、イエスがラザロを甦らせたのはなぜであろう、と問い続ける。それは、「キリスト教的」にはほとんど意味がない。しかし、ラザロには二人の姉妹マルタとマリアがいて、彼女たちがイエスに助けを求めたのです。その場合、優等生マルタは永遠の命こそ重要であると自分に言い聞かせてそれほど動揺していない。しかし、マリアはそれこそあらゆる望みを失ったかのように泣き崩れていた。イエスは、そのときマリアの悲しみに共感してラザロを甦らせたのです。

これにはさらに背景があって、イエスはこの姉妹と初対面ではない。かつて、その家をイエスが訪れたとき、マルタは、偉い先生がやってきたというので、せっせと家のなかを掃除し、食事の準備にも余念がない。しかし、マリアは何もせず、ただイエスの話を聞いているだけなのです。そこで、マルタはかっときて(?)、「マリア、私がこんなに忙しそうにしているのがわかるでしょう? ちょっとは手伝ってよ」と言う。マリアはぽかんとしている――こういうひとっていますよね。その姉妹喧嘩を見たイエスは、「マリアは最も大切なことを知っているのだ」と言って、マリアの味方になります。

いま最も大切なことはイエスの話を聞くことであって、イエスを食事でもてなすことではない、というあたりまえのことを、マルタはわかっていなかったのです——と言うと牧師のお説教のようですね。このあとマルタがどうしたかは聖書には書いてありませんが、ぷりぷりしてやはり準備をし続けたと思います。これもまあ——人間的に見れば——可愛いのですが。

ここも最終的には解釈ですが、キルケゴールがこの書の「緒言」でこの話を挙げていることは、真の信仰のあり方、すなわち「死にいたる病」の真の意図をあらためて考えさせてくれる。それは、一言で言うと、人間の立場を——修行によって、直観によって——飛び越えて信仰にいたるというのではなく、信仰によって死をも怖れなくなるほど自分を鍛え上げることでもなく、人間の弱く邪悪な不完全なあり方をごまかさずに、それをまるごと保持したまま、信仰にいたるということです。

キルケゴールを解くキーワードは「誠実性」であり、これをサルトルはよくつかんでいて、見事な「自己欺瞞」論を展開しています。こうした文脈に置くと、単に神を信じている者が自己欺瞞に陥っているのではなく、何の疑いもなく安心しきって神を信じている者が自己欺瞞に陥っているのであって、サルトルはキルケゴールの真髄をつかみ出していると言えましょう。

そして、キリスト教的な意味では、単に人間的に言って、生命があるというばかりでなく、この生命が健康と力とに満ち満ちてさえいる場合に見いだされるよりも、無限に多くの希望が、死のうちにあるのである。

（二〇—二一頁）

ここで、大転回が生ずる。いえ、前の引用箇所の最後では、「キリスト教的な意味では、死はけっして一切のものの最後ではなく、死もまた、一切のものを含む永遠なる生命の内部におけるひとつの小さな出来事であるにすぎない」のですから、論旨はそのまま続いているのです。

　問題は、キルケゴールがはっきり書いてくれてはいないのですが、こうした主張をえんえんと述べられたラザロの物語との関係です。すると、ラザロが死から呼び戻されたことそれ自体が重要なのではなく、ラザロあるいはマルタやマリアがこの奇蹟を通じて、「死」とは肉体の死ではなく魂の死であることを確信するにいたったことこそが重要だ、ということになる――とはいえ、何度も言いますが、肉体の死も人間的視点ではたいそう重いものですが。

　イエスの奇蹟を通して、彼らは「人間的なもの」から「キリスト教的なもの」に視点を大転回させたのですが、これもヘーゲルであり、「人間的なもの」からすっかり抜け出したわけではなく、それをうちに否定性として取り込んだまま「キリスト教的なもの」にいたったのです。

　しかし、イエスはだんだん奇蹟を起こすことをためらうようになる。奇蹟を見せてくれれば信じよう、という人々が群がってきたからです。ここのところは、大きな問題であり、私もずっと考えているのですが、いまだによくわかりません。ニーチェの揶揄するように、天国がそんなにいいのなら、さっさとみな死ねばいいのですが、なぜかキリスト教はそれを奨励しない。私の家内はカトリックで、今回の新型コロナウイルス拡大でも、バチカンからのミサを衛星放送で何度も見ている。バチカンでは、ローマ法王は熱心にこの禍いが終息することを祈っているのです。

　こうして、イエスがラザロを死から甦らせたことはいろいろな意味をもっているのですが、「人間的なもの」と「キリスト教的なもの」との――あえて言えば――弁証法的関係こそこの書のテーマですので、ここで安易な結論を出すことはやめて、これからじっくりキルケゴールのテキストにそって考えていこうと思います。

4　キルケゴールの「血」と原罪

ここで、テキストを離れましょう。「はじめに」でも少し書いた、キルケゴールの「血」の話に触れておきます。彼の父親は、はじめ神を呪うほどの貧しい羊飼いでしたが、その後ナポレオン戦争に乗じて、少なからぬ悪徳商法で大成功を収め、コペンハーゲンでもかなりの富豪になる。そして、最初の妻が子供もないままに病死したときに、下女を妊娠させ（この子が長女）、教会での祝福を待たずに結婚しました（いわゆる「事実婚」）。これは、いまでこそ「そういうこと？」という程度の反応しか引き起こさないかもしれませんが、当時は殺人と並ぶほどの犯罪であり、その子供たちは不義の子、私生児という烙印を押される。そして、やはり教会での祝福がなかったせいか、五人の子供たちは次々と死に、後に残ったのは、末っ子のキルケゴールと一人の兄だけでした。

その負い目を肉体に刻まれたかのように、キルケゴールはセムシであって、ビッコ――あえて差別語を使います――であって、そのうえいつも激しい不安に囚われている少年でした。よく、彼の肖像画として、優男タイプのイケメンが登場してきますが、――私は手に入る限りの彼の肖像画を集めたのですが――どうもそうではなく、一種悪魔的すごみを帯びた風貌のようです。

そして、残酷なことに、この父親は死ぬ直前に二人の息子を呼んで、自分の過ちを告白し、それを償うために牧師になってくれと頼む――それにしても、勝手な親ですね。兄は牧師になりますが、キルケゴールはそれになろうとしてもなれかった。

こういう男は、自分の「血」が穢れていることを証明しようとして、あえて悪に向かうことがあり――これは犯罪学のいろは――、彼はレギーネという良家の令嬢をその暗黙の婚約者シュレーゲルから奪い取って、自分と婚約させる。そして、一年後にその婚約を破棄するのです——しかし、キルケゴールはこれが「できた」のですから、魅力的だったのでしょう。なお、セーレン・オービュイの『単独者と憂愁——キルケゴールの思想』（飯島宗享編訳・解説、未知谷、二〇一二年）には次のように書かれています。

そして、この論文〔学位請求論文〕が哲学科で受理されてからまもない一八四一年の八月初め、彼はレギーネに婚約指輪を送り返すのである。レギーネは思い直してくれるよう懇願したという。九月末に論文の公開討論を終えた彼は、一〇月一一日にレギーネと会って最終的に訣別を告げ、月末にはベルリンに旅立つ。レギーネは悲しみ、父親は怒った。人々を納得させるだけの理由なしに婚約を破棄して淑女を侮辱したキルケゴールに対して、当然、コペンハーゲンの社交界は烈しい非難を浴びせた。

（『単独者と憂愁』三二頁）

これによってキルケゴールは、「安心して」自分がいかに卑劣な男であるかがわかり、その経緯を詳細に書く。これが処女作の『あれかこれか』であり、このなかに「誘惑者の日記」という断片があって、そこで相手の男がいかにバカか、そして自分がいかに狡いかを書く。まあ、天才とはこれほど身勝手なものであり、レギーネも相手の男もたまったものではないですね。

何しろ父親の遺産は莫大であり、兄は牧師になりましたから、キルケゴールはほとんどそれをひとり占めにして、豪勢な生活を始めました。私はコペンハーゲンでその家があった場所を突き止めたのですが、いまはまったく違う建物があるだけです。

そして、キルケゴールは四二歳のときに、路上でひっくりかえって死ぬ。そのとき、貯金通帳の残高がゼロだったというのも面白い。病院に担ぎ込まれ、牧師の兄も駆けつけ、臨終にさいして懺悔をするように言ったけれど、キルケゴールはかたくなに拒否した。これは、自分が救われること――天国に往くこと――を拒むということです。彼は、なぜ、これほど反抗的であるのか？ 彼のセムシも ビッコも不安も、穢れた血も彼の責任ではない。しかし、そのために彼は苦しみに苦しむ。しかも自殺も禁じられている。これが「原罪」です。

キルケゴールは、自分に責任がないのに自分に背負わされたこの意味を頭が痺れるほど考え続けたに違いない。そして、これがキルケゴールの思想の核心をなすのですが、これを人間一般に普遍化したのがサルトルです。みな、生まれたくなくとも生まれてきて、苦しみ喘いですぐに死ななければならない。なぜこんな理不尽な目に遇わねばならないのか？ 考えても、考えても、わからないじゃないですか？ サルトルにとって、それをわずかでも正当化することは、自己欺瞞なのです。

この残酷な構造に注目して、ハイデガーは人間存在を「死への存在」と規定し、その根本的あり方は、――デカルトのように「思惟すること」ではなく――「死（無）」に対して「不安を覚えること」だとした。動物は恐怖を覚えますが、死に対して不安を覚えることはないですね。また、サルトルの有名な言葉に「人間は無用な受難である」というものがありますが――私の人生のモットー――、人生とはまさに受難に継ぐ受難ですが、それに耐えたからといって天国に往けるわけでもなく、永遠に報われることのない「無用な受難」なのです。そして、カミュはこのすべてを「不条理（absurdité）」という一語に籠めました。

大学に入り、何もかもわからなくなって、頭が破裂しそうになったとき、これらの言葉はなんと私を慰めてくれたことでしょう。小学生以来、優等生であった私は、大人たちが私の耳に吹きこんだ言葉の数々、人生に希望をもて、だの、自分の天職を見いだせ、だの、努力すれば報われる、だの……これらすべてがまるごとインチキであり、大嘘であることがすとんとわかった。この人生は生きるに値しないということ、そして「そう言っていいのだ」ということがわかった。すると、絶望の淵をさまよいながらも飛び上がりたいほど嬉しくて、四〇代も半ばを過ぎてから七〇代の半ばに達しようとするいままで、飽きもせずに七〇冊も「人生は生きるに値しない」ということを書き続けている次第です。

しかし、こうしているうちに私のなかでだんだん風向きが変わってきて、ハイデガー、サルトル、カミュはやはりキルケゴールに比べるとつまらないと思うようになりました。神をあっさりと消去してニヒリズムを確認しても、そこで行き止まりであり、虚しさが残るだけです。やはり、そうではなく、キルケゴールが「神」あるいは「永遠なもの（das Ewige）」という名で呼ぼうとしている「何か」があると思い込みたい。少なくとも、それをどこまでも探索したい。そんな気分のところで、お話しを進めていこうと思いますが、いかがでしょうか？

5　死は「死にいたる病」ではない

キルケゴールはそれまで、イエスによって死人から甦ったラザロの話を長々としてきたのですが、それは、この話が「死にいたる病」とは何かを如実に教えているからです。

それだから、キリスト教的な意味では、死でさえも「死にいたる病」ではない、ましてや、苦悩、病気、悲惨、艱難、災厄、苦痛、煩悶、憂い、悲嘆など、およそ地上的、時間的《このよ》な悩みと呼ばれる一切のものも、そうではない。わたしたち人間が、少なくとも悩める人たちが「死ぬよりもつらい」と訴えるほど、それほどこれらの悩みが重く苦しいものであろうとも、病ではないまでも病に比べられるこのようなすべての悩みは、キリスト教的な意味では、けっして死にいたる病ではないのである。（二二頁）

はじめの「死」を「肉体の死」と読み替えれば、あとはすぐに読めますが、まさにここをしっかり読まないことがこの書に対する誤解の始まりなのです。しかも、それは偶然ではなく、戦後ハイデガーやサルトルという無神論的実存主義者がキルケゴールを担ぎ出したとき、彼らは意図的に「緒言」のここから最後まで、を読まないようにした。ということは、彼らは最もキルケゴールが言いたかったことに意図的に蓋をしてキルケゴールを「復活」させたのです。

「はじめに」からここまで読んでくださった人には、もうおわかりでしょう。ハイデガーは人間を「死への存在」と規定し、理性ではなく、無（死）に対する「不安」という根源的情態性（感情）こそが人間を人間たらしめる基本的なあり方だとした。しかも、ハイデガーはこれをキルケゴールから採用したと明言し、キルケゴールは「不安」を学問的に分析しなかったと批判さえしていますが、まったくの我田引水です。

キルケゴールが、ここでこれほど明確に「死でさえも『死にいたる病』ではない」と言っているのに、ハイデガーは「肉体の死」しか考えていない。ハイデガーは、キリスト者独特の臭み（？）のある「死にいたる病」を普遍化し、通俗化し、単純化して、「死のみを見つめる真摯な生き方」こそ人間の「本来的あり方」だ、というまったく別の思想を立ち上げたのです。

そして、これをサルトルがさらに世俗化して、「自分で選んだのでもないのに生まれてきて、しかも『自由』という厄介なものを背負わされて、苦しみあえいで死んでいく余計な存在」という人間のあり方へと強調点をぐっとすべらせて、大ヒットしたというわけです。

ご多分に漏れず、こうした大誤読を引きついで、若いころの私もキルケゴールに夢中になってしまった、ということはすでに「はじめに」でお話ししました。いまから反省してみると、私がこれまでいろいろなところに書いてきた「死」に関する思いも、キルケゴールの線上にではなく、ハイデガーやサルトルの線上にあるのです。

以上長々と説明したのは、ハイデガーやサルトルの「誤読」は、単なる解釈の違いではなく、キルケゴールの真意と正確に反対になる、と言いたいからです。すなわち、キルケゴールがここで強調しているのは、「(肉体の)死」は怖れるに足りないということ、何も知らないからそれを怖れるのであって、「キリスト教的な意味では、けっして死にいたる病なのではない」ということです。

そして、まさにこのことを信仰によって揺るぎなく堅固なものにして、肉体の死はもとより魂の死をも克服するというのが正統的ルター派の解釈ですが、キルケゴールの解釈は、ラザロの物語が示しているように、そうではないのです。ヘーゲル的にいえば、さらにもう一度否定している。すなわち、それでも肉体の死も些細なわけではない。マリアが嘆いたように、愛する者の死は些細なわけではない。さらに、肉体の病(セムシ)をはじめ地上の苦しみは断じて些細なわけではないのです。

こうして、この書全体の色合いがそうなのですが、信仰の弱い者には、アンティ・クリマクスの高い信仰者の立場から信仰へと引き上げ、安心し悟りきった者には、セーレン・キルケゴールの低い立場から、それを揺さぶってごまかさず真摯に「地上のもの」に目を向けるように迫る。「はじめに」ですでに言いましたが、キルケゴールは、こうした「二重の視点」が欲しかったから、この書を「アンティ・クリマクス著、セーレン・キルケゴール刊」（中扉）などという技巧的な構成にしたのだと思われます。

6 自然のままの人間とキリスト者

キリスト教はキリスト者に、死をも含めて、一切の地上的なもの、この世的なものについて、このように超然と考えることを教えてきた。人間がふつう不安と呼んでいるもの、あるいは人間が最大の災厄と呼んでいるものすべてに対し、かくも誇らかに超然としていられるとき、キリスト者は高慢にならざるをえないほどである。（二一頁）

「不安」とは、キルケゴールにとっては（ハイデガーと異なり）、アダムの不安であり、人間（少なくともキリスト者）はみながアダムなのですから、その不安、すなわち神の面前で悪をなしてしまう（ことになる）という不安、ないしは悪をなしてしまったという不安ですが（このことは、『不安の概念』に詳しく論じられています）、ここでは「人間がふつう不安と読んでいるもの」ですから、地震とか、病気とか、戦争とか……地上的な出来事に対する不安でしょう。

ところがそこでまたキリスト教は、人間が人間であるかぎり知るにいたらない悲惨が現にあることを発見したのである。この悲惨が死にいたる病なのである。自然のままの人間が怖ろしいこととして数え立てるようなものは、――すべてを数え尽くしてもはや挙げるべきものを残さぬ場合でも、そのようなものは。キリスト者にとっては、まるで冗談のようなものである。（二二頁）

「人間が人間であるかぎり知るにいたらない悲惨」とは何か？　これは、「死にいたる病」から逆算するしかない。そして、「死」とは「肉体の死」ではなく、「魂の死」であり、それは神から見放されること、救いから永遠に遠ざけられることです。「知るにいたらない」とは、神の存在は確実なのですが、誰も自分が救われるかどうかは知らないということ、そして、そのまま「死ぬ」ということです。この怖ろしさに比べれば、肉体の死をはじめとして、あらゆる怖ろしいとされているものは「冗談のようなもの」なのです。

自然のままの人間とキリスト者との関係はそのようなものであって、それは子供と大人との関係のようなものである。つまり子供のこわがるものを、大人は何とも思わない。子供はその怖るべきものが何であるかを知らない、大人はそれを知っていて、それをこわがるのである。子供の不完全な点は、まず第一に、怖るべきものを知らないということであり、次に、その結果出て来ることであるが、怖るべきものでないものを怖れるということである。自然のままの人間も同じことで、彼は怖るべきものがほんとうには何であるかを知らない。しかも、それだからといって、怖れることを免れているわけではなく、それどころか、怖るべきものでないものを怖れるのである。

（二二―二三頁）

キルケゴールは、キリスト教（聖書）が唯一の真理だと思い込んでいる。しかも、先に言ったように、カトリックもイギリス国教会も、ましてロシア正教も視野に入れていない。まさにルター派だけです（「自然のままの人間」については、訳注〔桝田注（15）〕を参照）。そして、これに続く文章に異教徒が出てきますが、それは古代ギリシャ人のことに限られているのです。

異教徒の神に対する関係も同様である。異教徒は真の神を知らないばかりでない、彼はそれに甘んずることなく、偶像を神としてあがめるのである。（二二頁）

イスラム教徒もユダヤ教徒も仏教徒も、キルケゴールにとっては、「異教徒」ですらないのです。その場合、われわれ現代日本人が――ルター派の信者を除いて――、キルケゴールを読む意味はどこにあるのか、という根本問題にぶち当たります。思想として面白いだけでは哲学ではない。哲学であるには、ある種の普遍性がなければならない。

「はじめに」で見たように、ハイデガーやサルトルのように、キリスト者を人間存在一般へと普遍化して「改釈」するという道もありますが、そうでない場合、キルケゴールから哲学として何かを学べるのでしょうか？　学べると思います。それは、やはり「この私」の存在の神秘に関していて、どうもそのあり方は、科学的に解明できそうもないし、デカルトからヘーゲルまでの自我論によっても、その後の現象学によっても、分析哲学によっても、ほかの何によっても解明できそうにない。

やはり、ここには、――「神」と呼ぶ必要はありませんが――理性では解明できないような何かが関与しているのではないか？　そういう疑問が頭から離れないときに――私はそうなのですが――、キルケゴールの著作からいろいろヒントを得ることができるように思われるのです。

7　キリスト者と「死にいたる病」

これから「緒言」の大詰めです。

ただ、キリスト者だけが、死にいたる病とはどういうことなのかを知っている。キリスト者はキリスト者であるかぎり、自然のままの人間の知らない勇気をえたのである――この勇気を、彼は、なおいっそう怖るべきものを怖れることを学ぶことによって、身につけたのである。（二二頁）

この文章が、この書全体を解明するための鍵でしょうか？　すなわち、キリスト者が得た「勇気」とは何かということです。「死にいたる病」とは、魂の死の可能性を知って生きることですが、キルケゴールはそれによって、キリスト者は勇気をえたと言う。それは、これによって肉体の死の恐怖から脱出でき、地上的な艱難辛苦を冗談のようなものとして片付けることができるということでしょう。

こういう仕方によってのみ、人間はいつでも勇気をうるのである。人間というものは、より大きな危険を怖れているときには、いつでも、より小さな危険のなかへ踏み入る勇気をもつものである。ひとつの危険を無限に怖れるときには、その他のもろもろの危険はまったく存在しないも同然である。（二二頁）

このことが、私には体感的にわかる。いろんなところに書きましたが（とくに『孤独について――生きるのが困難な人々へ』文春新書、二〇〇八年）、私は相当ヘンな子で小学校低学年のころから死に怯えていました。朝、目が覚めてから夜寝るまでずっと、「死ぬということ＝自分がなくなるということ」が念頭から離れず、――心の中で――震えていました。

それはすさまじいもので、ときどき頭がおかしくなって、泣き出したりもしました。そうしながら、私は学校が厭で厭でたまらなかった。遊び時間と給食の時間が最悪であり、私は遊ぶことのできない子であり、偏食だらけで給食の八割が食べられなかった。体育の時間も地獄で、とにかく私はみんなが楽しそうにしていると、その雰囲気に不安を覚え、後ずさりしてしまったのです。こんな子だったので、いっそ車に轢かれたら、怪我をして遊ばなくてもよくなるとも思いました。

しかも、何が辛いといって、親をはじめ、私の苦しみを誰もわかってくれなかったこと。そのとき、私は自分で解決するしかないと決心し（?）、自分で開発したすばらしい治療薬を手に入れました、それは、辛くなったとき、「ぼくは死ぬ、ぼくは死ぬ……」というおまじないをかけて、全身恐怖にぐっしょり濡れること。そうすると他の辛さなど、ほんとうに「冗談のようなもの」に感じられるのでした。しかし、これは劇薬だったので、私は時折記憶喪失に近くなり、自分がどこにいるのかも誰なのかもわからなくなりました……。

そう、「これ」なのです。まさに「より大きな危険を怖れているときには、いつでも、より小さな危険のなかへ踏み入る勇気をもつ」のであり、「ひとつの危険を無限に怖れるときには、その他のもろもろの危険はまったく存在しないも同然」なのです。

おそらく、キルケゴールも私と似たような原体験をしたのだと思います。さて、個人的体験はさておき、これは何を語るのか？　キリスト者は、比類を絶した残酷なこと——すなわち「死にいたる病」——を知っているゆえに、次々に降りかかる地上的な災いにもめげることなく、「勇気」をもってこの世を渡っていけるのです。これって、神の加護ととても似ていますね。キルケゴールだったら、そのひりひりするほどの痛みのただ中に「神の愛」を感じたかもしれません。

ところが、キリスト者の学び知った怖るべきものとは、「死にいたる病」なのである。

（一二二頁）

最も恐るべきもの、すなわち、神から見放されるという恐怖そのもの、自分は救われないかもしれないという恐怖そのものが、その人を救うかもしれないのです。ここには彼の「穢れた血」（原罪）や肉体に刻み込まれたセムシ（すなわち「十字架」）が関与してくる。その「十字架」を清めるのではなく、克服するのではなく、逆にその「十字架」にこだわり、直視してこそ、信仰にいたる道が開かれる、この書の終わり近くにはそういう記述があります。

しかも、この書はじつに不思議な本であって、絶望の最高の段階は、神に対する「反抗」なのです。神が救おうと差し伸ばす手を振り払って拒否すること、それがとりもなおさず信仰に一番近い。ここに、最も怖るべき「死にいたる病」こそが——本物の——信仰にいたる唯一の道だということが、かすかに見えてくるのではないでしょうか。これで「緒論」を終えます。

第一章　絶望の諸相と死――〔第一篇　死にいたる病とは絶望のことである〕

〔A　絶望は精神における病、自己における病であり、したがってそれには三つの場合がありうる。絶望して、自己をもっていることを自覚していない場合（非本来的な絶望）。絶望して、自己自身であろうと欲しない場合。絶望して、自己自身であろうと欲する場合〕

1　人間は精神である

いよいよ本文に入ります。その第一篇は、「死にいたる病とは絶望のことである」という標題になっている。ちなみに第二篇は「絶望は罪である」というもので、この書はこの二篇から成っているだけです。

さて、第一篇は、A、B、Cに分かれていて、そのAがさらにA、B、Cに分かれている。こうした構成はヘーゲルそのままであって、キルケゴールの哲学的スタイルはとても――宿敵の――ヘーゲルに似ているのです。

しかし、どう考えても彼はヘーゲルのように壮大な概念体系を築いていくタイプではないので、その真似（?）が裏目に出て、きわめてわかりにくい叙述になっている。その最たるものは出だしの、あたかもヘーゲルのような口調の文章です。

人間は精神である。しかし、精神とは何であるか？　精神とは自己である。しかし、自己とは何であるか？　自己とは、ひとつの関係、その関係それ自身に関係する関係である。あるいは、その関係において、その関係がそれ自身に関係するということ、そのことである。自己とは関係そのものではなくして、関係がそれ自身に関係するということなのである。
（二七頁）

この部分の解説に、ずいぶん時間を割くことになるでしょう、訳者は他の考え方をしているようですが〔桝田注（18）参照〕。何度見ても私にはヒドイ文章だと思われます。これは、深くもなんともなく、ただ不親切なだけです。こうした厳密な概念記述において、キルケゴールにはまったく才能がないとしか言いようがない。

まず、「精神（Geist）」、「自己（Selbst）」、「関係（Verhältnis）」などの言葉は、すべてヘーゲルから借用している。借用しながら、その意味内容を勝手に変更している。ですから、キルケゴールが読めるようになるには、まずヘーゲルを理解し、次にその本来の意味からの変更（偏向？）を知らなければならない〔桝田注（17）参照〕。

そうしないで、ただ字面を眺めて唸っていても永遠に解読できないでしょう。「精神」とはドイツ人にとって独特の思い入れのある言葉であって、「魂（Seele）」が各人の肉体に宿る心であるのに対して、もっと普遍的な心、「時代精神」や「民族精神」あるいは「精神科学」などが代表的な使い方です。

ヘーゲルにとっては、『精神現象学』が示すように、さまざまな人間の意識の段階——眼前のものをただ観察する段階から、科学の段階、歴史の段階、そして最終的には宗教の段階――は、精神の発展段階なのであり、その最終到達点が「絶対精神」なのです。

キルケゴールはこれを踏まえて、こうした長々とした段階を経るのではなく、精神は本来的に絶対精神（神の前）の段階にあるとする。言い換えれば、各人は生まれ落ちたときから、本来的に精神なのです。

これで、「なるほど」とわかってもらっては困るのですが、「人間は――もともと――精神である」という冒頭の単純な文章にはこういう意味が含まれている。キルケゴールの基本思想は、ルターに近く、これをルターの言葉で置き換えると「人間は――もともと――神の前（coram Deo）にある」となります。

2 精神は自己である

では、次の文章に進みます。

> 精神とは自己である。しかし、自己とは何であるか？　自己とは、ひとつの関係、その関係それ自身に関係する関係である。（二七頁）

このあたりから、先の引用箇所は加速度的に抽象概念度が増し、初心者は目を回すかもしれない。しかし、驚くことはないのであって、こうしたわけのわからない文章を書くのは、キルケゴールに――カントやフッサールのように――自分の思想を厳密な言葉を尽くして客観的に伝える才能がないだけのことです。

「自己」とは、自己意識の段階に達した意識のことです。生まれたばかりの赤ん坊は周囲世界や自分の存在をぼんやりと意識しているかもしれないけれど、自分を対象化して捉えていない。しかし、言語を学んでしばらくすると、赤ん坊は“ich（私、ぼく）……”と言い出す。

これは自分を客観化しているわけであって、“ich（語る私）＝ich（語られる私）”という等式が成立していると考えられる。「関係」とはこの等式のことです。よって、「自己とは、ひとつの関係」であるわけです。しかし、この後キルケゴールは「自己とは、……その関係それ自身に関係する関係である」と言っていて、ここで大部分の読者は途方に暮れるでしょう。

しかし、日常言語を考えてみればわかるように、ある対象を表わすようでいて、はじめから関係を表わす言葉はかなりあります。人間関係を表わす言葉は大体そうですが、親子関係や夫婦関係、恋人関係や友人関係などその典型です。「息子」と言っただけで、すでに父親との関係を表わしているし、「妻」と言っただけで夫との関係を表わしている。自分ひとりだけでは友達にも恋人にもなれません。

さて、だいたいわかってきたでしょう。キルケゴールは熱烈なクリスチャンですから、「息子」がすでに父親との関係を表わすように、「（人間）自己」はすでに神との関係を表わしている。“ich＝ich”という関係V_1を、あらためて“Ich”と大文字で書き表わすと、この関係V_1には、すでに“Ich⇔Gott”という関係V_2が成立している。これだけです。これだけで、終わりまで全部読めます。

ただし、「V_1はすなわちV_2である」と言えばいいところを、キルケゴールは「V_1はすなわちV_2に関係する」と言っている。これもわかるのであって、「息子＝息子」関係V_1はすなわち「息子⇔父親」関係V_2に関係しているわけです。こうして、V_1とV_2を付加しますと、最初に挙げた引用文は最後まで明晰かつ判明に読解できます。

自己とは、ひとつの関係（V_1）、その関係それ自身（V_2）に関係する関係である。あるいは、その関係（V_1）において、その関係（V_1）がそれ自身（V_2）に関係するということ、そのことである。自己とは関係そのものではなくして、関係（V_1）がそれ自身（V_2）に関係するということなのである。（二七頁）

以上、キルケゴールにそってやや詳しく見てきましたが、要は「（人間の）自己が、自分自身に関係することは、すなわち、神と関係することである」と言っているだけですから、あのようなヘーゲルもどきの文章（？）を最初にもってくることは悪趣味以外の何ものでもない、と思います。

3　消極的統一と積極的統一

その次に続く一文は比較的マシです。

人間は無限性と有限性との、時間的なものと永遠なものとの、自由と必然との綜合、要するに、ひとつの綜合である。綜合というのは、二つのもののあいだの関係である。このように考えたのでは、人間はまだ自己ではない。（二七―二八頁）

翻訳が少し紛らわしく、「このように」とはそれ以前に書いてあることであり、つまり、先に「自己とは関係である」と言ったのですが、その関係を「ひとつの綜合」、すなわち「二つのもののあいだの関係」と「考えたのでは、人間はまだ自己ではない」ということ。

これは、ヘーゲルの「外的関係」に当たる。すなわち、AとBとのあいだを外の視点であるCから関係づけること。われわれ人間の対象的判断はみなそうであり、世界中の任意の二つの対象AとBに関して、われわれは任意の共通点を探し出して、「A＝B」という同一関係を形成することができる。

この鉛筆とこの消しゴムは「文房具」として同一であり、このパソコンとこの鉛筆削りは「黒いもの」として同一であり……。そして、キルケゴールは、自己である"ich＝ich"という関係が（これは"Ich⇔Gott"という関係を含むのですが）、このように、ある外的観点にとっての同一関係であるわけではない、と言う。その限りで、わかります。そして、段落が変わって、次の文章に進みます。

二つのもののあいだの関係にあっては、その関係自身は消極的統一としての第三者である。そしてそれら二つのものは、その関係に関係するのであり、その関係においてその関係に関係するのである。このようにして、精神活動という規定のもとでは、心と肉体とのあいだの関係は、ひとつの単なる関係でしかない。これに反して、その関係がそれ自身に関係する場合には、この関係は積極的な第三者であって、これが自己なのである。

（二八頁）

「第三者」に「消極的統一としての第三者」と「積極的統一としての第三者」の二種類がある。ここでキルケゴールは、心と肉体との関係というデカルト的二元論を考えていて、これはわれわれ人間の関係のあり方としては、核心をなすものではない。思考のような「心的な精神活動」と感情のような「肉的精神活動」とは、われわれには知られていない外的視点にとって関係づけられているにすぎない。先に、「無限性と有限性との、時間的なものと永遠なるものとの、自由と必然との」関係も、同列に並びます。人間をこうした矛盾的な特性の関係と捉えることは、まだ外的関係の段階に留まるのであり、これをキルケゴールは「消極的統一」と言う。

「消極的」とはドイツ語では"negativ"ですが、この言葉はいつも日本語に訳すとき、「消極的」と「否定的」とのあいだで困ってしまう。日本語としては、この両者の意味は相当違うからです。"positiv"についても「積極的」と「肯定的」との響きは違う。「消極的」は「積極的」に対して、何か欠けているような響きですが、「否定的」は「肯定的」にまっこうから対立する感じです。

"positiv"と"negativ"のペアが出てきたとき、常に無理にでも以上の二重性を読み込むことが必要でしょう。人間を有限性と無限性との統一と見ることは単なる「否定的統一」、すなわちただ互いに否定を介した統一にすぎないのですが、それは真の統一を目指す段階においてはまだ「消極的統一」なのです。

「これに反して」からあとが「肯定的＝積極的統一」であって、それは「その関係がそれ自身に関係する場合」です。ふたたび先の図式を使うと、"ich＝ich"という関係の段階に留まっていることが「否定的＝消極的統一」であり、この関係がさらに"Ich⇔Gott"へと関係する段階が「肯定的＝積極的統一」である、となるでしょう。

しかし、ここでは書いていない。ただ「その関係がそれ自身に関係する場合」と書いてあるだけですが、ここに先のV_1、V_2を代入すると「V_1がV_2に関係する場合」となって、まさにこれが「肯定的＝積極的関係」であるわけです。

ここまできたら、「自己」がただ人間的＝心理学的レベルで"ich＝ich"を自覚するだけなら、それは本来の自己ではなく、さらにこの人間的・心理学的関係全体（Ich）が"Ich⇔Gott"という関係にあることを自覚することによって、はじめて本来の自己である、という「自己」の意味の転換が読めてくるでしょう。

こうして、キルケゴールの言う「自己」の構図のだいたいのところはわかったことと思いますが、さらにキルケゴールはこれをさまざまに言いかえます――ここもヘーゲルに似ている。

> それ自身に関係するそのような関係、すなわち自己は、自分で自己自身を措定したのであるか、それとも或る他者によって措定されてあるのであるか、そのいずれかでなければならない。
>
> （二八頁）

ここは解説の必要はないでしょう。

> それ自身に関係する関係が他者によって措定されたのである場合には、その関係はもちろん第三者ではあるが、しかしこの関係、すなわち第三者は、やはりまたひとつの関係であって、その関係全体を措定したものに関係しているのである。
>
> （二八頁）

ここで、先の"ich＝ich"という関係V_1と"Ich⇔Gott"という関係V_2を、逆の視点、すなわち人間の視点からではなく、神の視点から見ることもできる。"ich＝ich"という関係V_1（すなわち"ich"）がみずからを"Ich⇔Gott"という関係V_2に関係づける、というこの全体を「措定」したのは、人間的自己（ich）であるはずがない。これは、「その関係全体を措定したもの」、すなわち"Gott"のはずだ。

叙述は、"ich"から出発したゆえに、最後に"Gott"にいたったのですが、本来の順序（秩序）は真逆であって、このすべてをはじめから"Gott"が関係づけているはずです。すなわち、"ich＝ich"という関係V_1は、自分自身でこの関係を措定したのではないから「否定的＝消極的統一」という第三者であって、「その関係全体を措定したもの（"Ich⇔Gott"さらには"Gott"）に関係している」限りにおいて成立しているにすぎないのです。

ここまでは、キリスト教の教義を少しでも知っている人にとっては、そういうふうに議論は進むのだろうなあ、と思うように進んでいるのではないでしょうか？　次の文章は、いままでの議論の到達点をきわめて明確に示していますので、もうほとんど解説の必要はないのではないかと思われます。

このような派生的な、措定された関係が人間の自己なのであって、それはそれ自身に関係する関係であるとともに、それ自身に関係することにおいて他者に関係するような関係なのである。

（二八頁）

「派生的な、措定された関係」すなわち「人間の自己」とは、まさに"ich＝ich"であり、これがそのまま「それ自身に関係することにおいて他者に関係するような関係」、すなわち"Ich⇔Gott"なのです。

なお、ここではいたずらに混乱させないために"Gott"という語を使いましたが、じつは、これはキルケゴールが後に私のうちにある「永遠なもの（das Ewige)」(三四頁) と呼んでいるものに当たる。"Ich⇔Gott" というわけではなく、"Ich⇔Ich(das Ewige)"であって、"das Ewige" の背後には"Gott"があるのです。よって、あえて図解すれば"Ich⇔Ich (das Ewige) ……Gott" とでもなりましょうか？

＊ 補足――翻訳者との解釈の違いについて

最初に補足をしておきたいと思います。教育的配慮から（?）ずっと意図的に言わなかったことを、やはりここで言わざるをえなくなりました。私のこの書の解釈は、ひとつの根本点において訳者の解釈とは異なるものです。私から見れば、訳者はオーソドックスと言いますか、穏健と言いますか、この書を「教化的」のほうに重心をおいて解釈している。しかし、私にはどうしてもそうは読めないのです。

訳者の姿勢がはっきり現われているのは、訳注〔桝田注（18)〕の二六四―二六五頁の段落における「自己自身」に関する「本来的」と「非本来的」というペアです。まさにいま読んでいるところですが、絶望には、絶望を自覚しないほどの最も低いレベルの絶望的状態を除きますと、自覚した絶望に、「α 絶望して自己自身であろうと欲しない場合」と「β 絶望して自己自身であろうと欲する場合」とがあるのですが、訳者はハイデガーからタームを借りて、前者の自己自身は「本来的」であり、後者は「非本来的」だと言う、

しかし、そうでしょうか？ そうなら、なぜこれが、絶望の最後の段階（bのβ）なのでしょ

うか？　前者が「弱さの絶望」であるのに対して、「強さの絶望」なのでしょうか？「非本来的な自己自身であろうと欲する」のは、まだ相当低い段階のはずです。しかも、αは「本来的な自己自身であろうと欲しない」段階であり、βは「非本来的な自己自身であろうと欲する」段階なのだとすると、両者は重なってしまう。

キルケゴールの場合、ハイデガーとは異なり、本来的と非本来的とをそんなにすっぱり分けてはならない。単純に、セムシに悩むことが非本来的であり、魂の死に悩むことが本来的であるわけではなく、セムシである非本来的自己に絶望することが、すなわち神との関係という本来的自己を開くことなのです。

私の解釈によれば、絶望の最後の「β　絶望して自己自身であろう欲する」段階はまさにキルケゴールが言うように、「反抗」なのですが、これは、自己自身がもともと神と関係してのみ存在することを知りながら神に反抗する、という永遠の負け戦なのです。相手は神なのですから、反抗しても反抗しても反抗しきれない。そして、まさにヨブのように、この戦いに疲労困憊して、はじめて信仰への跳躍が起こるのです。

しかし、βを「非本来的な自己であろうと欲する」とする訳者の解釈ですと、キルケゴール独特のこのダイナミズムが捉えられない。絶望と信仰との緊張した関係も捉えられない。この書は、ルター派の教義と大同小異の平板な書になってしまい、この書の出版が彼をして牧師になるのをあきらめさせたほど危険な書であったことがぼやけてしまいます。

とはいえ、具体的な文章の解釈では、訳者の解釈はほとんど私の解釈と一致します。私の図式"ich＝ich"というV_1と"ich⇔Gott"というV_2は、訳注〔桝田注（18）〕の二六八頁から後に書いてあることと同じであり、前に取り上げた「自己は……」で始まる難解な文書の解釈もそのまま私の解釈に一致する。訳者に倣ってドイツ語を挙げておくと、“Das Selbst ist ein Verhältnis, das sich zu sich herhält” に “Das Selbst ist ein Verhältnis, das sich（V1）zu sich（V2）herhält” と補充するだけで、私の解釈になります。

最後に、訳注〔桝田注（18）〕の二六六頁の終わりあたりから、次頁にかけて、「関係」を態度とか行為と解釈するのもわからないことはないのですが、これはまさにヘーゲルと同様、「関係する」という動詞として捉えれば済むことであって、あえて他の意味を籠める必要はないように思います。

この後の解説の範囲に、「絶望して自己自身であろうと欲しない」段階と「絶望して自己自身であろうと欲する」段階とがちょうど出てきますが、私の解釈と訳者の解釈との違う点は、すでに述べましたので、わざわざここで説明を付け足すこともないでしょう。

4　全体の構成の杜撰さ

訳書の二八頁の後ろから三行目からですが、ここは極度に抽象的な議論ではなく、「絶望」という具体的な事例にそって説明している点で、キルケゴールの才知が光っているところです。

このことから、本来的絶望に二つの形式がありうることになる。もし人間の自己が自分で自己自身を措定したのであれば、その場合には、自己自身であろうと欲しない、自己自身から脱れ出ようと欲する、というただ一つの絶望の形式しか問題とはなりえないで、絶望して自己自身であろうと欲するという形式のものは、問題とはなりえないであろう。（二八—二九頁）

初めの「本来的絶望」とは何でしょうか？　ここで、いまわれわれは第一篇の「A　絶望が死にいたる病であるということ」のAに位置していることを想い起こさねばならない。というのも、そのタイトルはすさまじく長くて、「絶望は精神における病、自己における病であり、したがってそれは三つの場合がありうる——非本来的な絶望。絶望して自己自身であろうと欲しない場合。絶望して自己自身であろうと欲する場合」となっている。

どう考えても、これはタイトルではない。本文の要約です。そして、さらに困ることに、まさにこのタイトルに「本来的」と「非本来的」とがあって、本文中には何の説明もないこと。つまり、「本来的」という概念は、普通「非本来的」という概念との対比によってわかるのですが、それがタイトルにおいて（のみ）なされているのです。

「非本来的絶望」が「絶望して、自己をもっていることを自覚していない場合」とあるから、ここからして、「本来的絶望」とは「絶望して、自己をもっていることを自覚している場合」だとわかり、先の「2　精神は自己である」で紹介した自己図式に照らし合わせると、「自己をもっていない」とは“ich＝ich”というV_1の段階に留まっている場合であり、「自己をもっている」とは、さらに“ich⇔Gott”というV_2の段階にいたっている場合だということになります。

さて、キルケゴール本人はこう考えていたとしても、これが普通の読者に伝わるわけがない。というのも、いざAの中身を見てみても、肝心の「絶望して、自己をもっていることを自覚していない場合」がどこにも登場してこないことです。初めから「本来的絶望」のみを論じている……というわけで、怒りは収まりません！

では、「非本来的絶望」はどこで論じられているかと言うと、じつにCのなかの「B 意識という規定のもとに見られた絶望」の「a 自分が絶望であることを知らないでいる絶望。あるいは、自分が自己というものを、永遠な自己というものを、もっているということについての絶望的な無知」においてなのです。この長いタイトルだけで相当わかりますが、そしてこの部分は才気がほとばしったすばらしい記述が続くのですが、この全体の構成に関する杜撰《ずさん》さには、驚き呆れてしまいます。

5 絶望して自己自身であろうと欲しない場合

これで、やっと、先の引用部分の解説に進むことができます。「もし人間の自己が自己自身を措定したのであれば」というのは、反事実的仮定であって、「そうではないのだが」が省略されている。といっても、キルケゴールによれば、表面的な（ニセモノの）キリスト者はこう考えているに違いない。

こういう者は、「自己自身であろうと欲しない、自己自身から逃れ出ようと欲する」というのも、当然であって、絶望は「そと」からやってくるのですから、それは払いのけられると信じ、それを払いのけようとする。あるいは、その原因を根絶しようとする、あるいはもう少し「内面的に」考えると、自分の邪悪な・愚かな・浅はかな・洞察力のない……性格を変えようとする。

と、ここまで説明して――先にも言いましたが――、とはいえこれはすでに「本来的絶望」の第一の形式であって、それ以前の段階である「絶望して、自己をもっていることを自覚していない場合」

ではないということです。ここでは、その説明がないのですが、この最低の段階とは、後の「CのBのa」の記述から借用すると、（表面的には）「絶望していない」という最も絶望的状態なのです。

それに比べて、この「絶望して自己自身であろうと欲しない」という段階は自己を責め抜き、場合によって自殺の衝動に身を任せるほど、自己が確立している。何も独特なことではなく、普通の意味での絶望はこれでしょう。自分のあれこれの愚かさや不運ではない。もう自分という存在の全否定なのであって、この自分から逃れたいのです。自分を呪い、自分を産んだ親（遺伝子、育ってきた環境……）を呪い、世間を呪い、時代を呪い、運命を呪う。つまり、絶望の果ての自殺も含めて、広い意味で「こんな自分でありたくない！」という叫び声です。

しかし、キルゴールは、「人間の自己ではなく、神が〔その〕自己自身を措定した」と信じているキリスト者は、絶望したときに、むしろ「こんな自分であろうと欲する」と言う。まさに、このことを言いたかったために、キルケゴールはこの書を書いたとさえ私には思われるのですが、キルケゴールに敬意を表わして、そんな簡単にわかってはならないとみずからを戒め、さしあたりわけがわからないと突っぱねておきましょう。

6　絶望して自己自身であろうと欲する場合

自殺するほどの、自分の存在を全否定したくなるほどの絶望以上の絶望とは何か？　興味津々ですが、キルケゴールはなかなか「正解」をすらっと言ってくれません。この意味はこの書の終わりまでいってやっとわかる、いやそれでもわからないかもしれないのであって、安直に正解を求める態度を改めねばならない。キルケゴールを読解するには相当の忍耐が必要です。果たして、「絶望して自分自身であろうと欲する」とはいかなることかと、期待に胸を弾ませて（？）次の文章を読んでみると、たちまち「肩透かし」を食らう。

すなわち、この公式こそ、全関係（自己）が他者に依存していることの表現であり、自己は自己自身によって均衡と平安に達しうるものでもなければ、またそのような状態にありうるものでもなく、自己自身と関係すると同時に、全関係を措定したものに関係することによってのみ、それが可能であることを表現するものである。（二九頁）

「この公式」とありますが、「この形式」すなわち「絶望して自分自身であろうと欲する」のことであって、その後ずらずら書いてある文章のどこにも「それは、どういうことか」が書いていない。ただ、この形式は「全関係（自己）が他者〔すなわち神〕に依存していることの表現であり」というわけで、先の図式を使うと"ich＝ich"というV_1のみならず、"Ich⇔Gott"というV_2の関係を自覚している段階を示している、と言っているだけ。

つまり、ここでキルケゴールは、「絶望して自分自身であろうと欲する」とはいかなる状態かにはまったく触れずに、それはV_1のみならずV_2を自覚した者の心境であり、その者だけがわかることだ、と言っているだけなのです。苛々してくるのをぐっと耐えることが必要ですが、とはいえ、次の文章を読むとさらに苛々が募ることでしょう。

実際、この第二の形式の絶望（絶望して、自己自身であろうと欲すること）は、単に絶望の一種独得な種類を示すにすぎないようなものなのではけっしてなく、むしろ、あらゆる絶望が結局はこの絶望に分解され還元されるようなものである。
（二九頁）

ここは、注意して読む必要がある。第一形式と第二形式とが単純に二つの種類の異なった絶望のタイプといったものではないらしいのですが、そのあとに「あらゆる絶望が結局はこの絶望に分解され還元される」と書いてあることから、第一形式も第二形式に「分解され還元される」のか、と不思議な気がする。これは、ちょっと一筋縄ではいかないようです。

ここをどう読むかですが、すでにわれわれは V_1 と V_2 という二重の関係を知っていて、V_1 だけ、ないし、——人間ではないと思いますが——V_2 だけでは「自己」ではなく、それは表層的であり、思い違いであって、V_1 が V_2 に関係することこそが正しい「自己」のあり方であることを知っている。先の部分も、この関係に重ね合わせて解釈する必要があるでしょう。

すると、第一の形式の絶望に陥っている人は、それがどんなに、まさに自己を呪うほど苦しくても、やはり思い違いをしているだけであって、「絶望」という事柄自体を正しく見ていない、ということまではわかる。つまり、絶望とは「死にいたる病」であり、それは肉体の死ではなく魂の死ですから、絶望して自殺しようとする人は、肉体的に死ねば苦しみから救われると思っているのであって、そこが、まだまだ絶望＝死にいたる病の本質を見ていないということなのです。

では、絶望の本質を見れば絶望から脱却して救われるのか？　じつは、それもぼんやり示されているのですが、どこにもはっきり語られてはいない。すなわち、この書は絶望をテーマとするのであって、絶望からの脱却をテーマにするものではないことを肝に銘じておきましょう。

7　生き生きした物語

ここまでで、①絶望して自己自身であろうと欲しない段階と、②絶望して自己自身であろうと欲する段階との違いが説明されました。①は「人間の自己が自分で自己自身を措定した」（二八頁）と誤解している段階であり、これに対して②は「自己自身と関係すると同時に、全関係を措定したもの〔神〕に関係すること」（二九頁）を自覚している段階。前の記号を使えば、①は“ich＝ich”という関係しか見ていない段階であり、②はさらに“Ich⇔Gott”という関係も見ている段階です。

しかし、以上の構造はわかっても、その具体的イメージがなかなかつかみづらいのですが、キルケゴールもそう感じたのか、ここで生き生きした物語を通して以上の理論をわからせようとしている。まさにこの点で、彼は第一級の文学者です。

ここにひとりの絶望者があるとして、その絶望者が自分の絶望に気づいているつもりでおり、絶望というものを、なにか自分の身にふりかかってくるものとでも思っているかのような馬鹿げたことを言わないで（そういう言い方をするのは、いってみれば、眩暈《めまい》の病にかかって悩んでいるものが、神様の錯覚のために、頭の上に何か重いものがのっかっているとか、何かが頭の上から落ちてきそうだとか語るようなものであるが、実は、この重みも圧迫もけっして外からくるものなのではなくて、内にあるものの逆反射にすぎないのである）――そこで、全力をあげて、自分自身の力で、ただひとり自分自身の力だけで、絶望を取り除こうとするとすれば、そのとき彼は、なお絶望のうちにいるのであって、自分では全力をふるって努力しているつもりでも、努力すれ

ば努力するほど、ますます深い絶望のなかへもぐり込むばかりである。（二九頁）

つまり、①の段階で絶望している者は、絶望は「外からくる」と誤解しているので、どうにかしてそれを取り除こうとする。そして、それができないと悟るや自殺しようとする――"ich＝ich"という関係自体を廃棄しようとする。しかし、こうした振舞いのすべてが誤解に基づいていて、じつは絶望は「内からくる」のであって、私が私である限り、振り捨てられないのです。

このことに気づくや、絶望している者は、こうしたことすべてを成り立たせているもの（神）に目を向けることになる。自己自身の内部を深く探り、自己自身であろうと欲することが、すなわち絶望を成り立たせているもの（神）に目を向けることにほかならない、という構造を読み取ることがポイントです。

8 "ich＝ich"と"ich⇔Gott"という二重の関係における齟齬

もう少しでAが終わるのですが、最後に控えている二つの文章は、大変含蓄のあるものです。しかし、やはりキルケゴールの語り方は不親切（独善的）であって、ほとんどの読者には歯が立たないのではないかと思われます。

絶望の齟齬《そご》は単純な齟齬ではなく、それ自身に関係するとともに或る他者によって措定されている関係における齟齬であり、したがって、かの、それだけで独立してある関係における齟齬は、同時に、この関係を措定した力に対する関係のうちに無限に反映することになる。（二九―三〇頁）

まず、気になるのは「齟齬」という こなれない言葉です。訳注〔桝田注（24）〕にもありますが、ドイツ語では“Missverhältnis”であって、これまで何度も出てきた“Verhältnis”は「関係」なのですが、これはとくに「比例関係」を意味する。だから、“ich = ich”というV_1すなわち「比例関係が崩れた」という意味であって、「不均衡」くらいの訳でいいと思います。絶望は、V_1の比例関係の崩れがV_2（“Ich⇔Gott”）の比例関係の崩れに波及していくということ。

「かの、それだけで独立してある関係」とはV_1であって、実際は「独立しているように見える」という意味でしょう。「この関係を措定した力（神）に対する関係」とはV_2であり、V_1がV_2の「うちに無限に反映する」ということ。「反映」とは“reflektieren”であって「反射」と同じ。すなわち、V_1の不均衡が、さらにV_2に無限の仕方で――神という無限なものに関わるからでしょう――反射していくということ。

こう書いて、これはわれわれ人間にとっての見方であって、V_1、V_2の関係の全体は「この関係を措定した力〔神〕」のはずですから、じつはV_1の「不均衡」を成り立たせているものは、V_2の「不均衡」、さらにその項としての「神（Gott）」であることがわかります。

これは、具体的には、「絶望して自己自身であろうと欲する」という最高段階の不均衡であって、これに対してキルケゴールは、神に対する「反抗（Trotz）」という概念を与えている。すなわち、絶望の最高段階は、神に対する「反抗」という形態をとっていて、自己自身における不均衡が自己と神との不均衡（反抗）というかたちに無限に反映したものなのです。

そして、次の（Aの最後の）文章で、絶望して自己自身であろうとする最後の段階が、あらためて情感的に表現されています。

そこで、絶望がまったく根こそぎにされた場合の自己の状態を表わす定式は、こうである。自己自身に関係し、自己自身であろうと欲することにおいて、自己は、自己を措定した力のうちに、透明に、根拠をおいている。（三〇頁）

こういう文章は、論理を辿って厳密に読解するというより、小説を読むように、作者の意図を汲み取って、イメージを形成していくようにして読むしかない。例えば、出だしの「絶望がまったく根こそぎにされた場合」は、文字通りの意味はわからない。単純に考えて、神が設定した絶望が「根こそぎにされる」ことがあるのか、という疑問が湧いてきます。

そこで、その状態を記述している後のほうから読んでいくと、「根こそぎにされる」のは、自己自身であろうと欲する段階においてですから、ここから逆算して①の「絶望して自己自身であろうと欲しない」段階における絶望（の捉え方）が「根こそぎにされ」て、②の段階が開かれるという意味だとわかります。

では、「自己は、自己を措定した力のうちに透明に、根拠をおいている」とは何か？「自己を措定した力」とは「神」なのですから、「自己は神のうちに透明に根拠をおいている」となる。すると、問いは、ここにおける「透明に（durchsichtig）」とは何かに収斂していく。

わかるのではないでしょうか。①の段階では、「人間の自己が自分で自己自身を措定した」と思い込んでいるので、神との関係V_2が隠されていて、それでも神は消えているはずはないので、

"Ich⇔Gott"という関係は不透明であったわけです。②の段階では、まさにV_2を不透明にしていた霧が晴れて、神との関係V_2が透明になったのです。

しかし、このことによって神への堅い信仰が築かれるとか、神の愛に包まれる、というのではない。驚くべきことに、このことによって、透明になり、よく見えるようになった神に「反抗する」のですから、まったく——ルター派の正統からすると——想像を絶した展望となるのです。

なお、ここであらためて強調しておきますが、以上のことをある理論として抽象的に捉えてはならないのであって、まさにキルケゴール自身のうめき声が、ここにはっきりと聞き取れます。はじめに言ったように、彼は父親が神を呪い、教会の祝福を受けずに生まれた。それは、呪われた者であり、血が穢れていることであり、実際彼はセムシであって不安に苛まれていた。それを一挙に克服しようとして、三〇歳のころ、良家の令嬢レギーネと婚約し、牧師になるという堅実な人生設計を描いた。しかし、なぜか彼はみずからこの道を拒否したのです。

自分の血が呪われていて、自分に結婚する資格などないと悟ったからだ、と書けば簡単ですが、ここにたぶん現代日本人にとって最もわからない「原罪」という思想があります。キルケゴールの血が穢れていること、セムシであることは彼に何の責任もない、しかし、彼はそれを背負って——世間から非難されて——生きていかねばならない、というわけです。これほどの理不尽がありましょうか？でも、実際そうですね。各自、自分が選んだのでもないのに、親の遺伝子をたっぷり受けて生きていかねばならず、しかも「遺伝子が悪かった」ことをいかなる弁解にしてもならない。さらに、親を、あるいは幼児環境を自分は選べなかった、それにもかかわらず、各人は、「それ」こそが自分であることを承認せざるをえないのですよね——「原罪」というドイツ語は"Erbsünnde"であり「遺伝的罪」

という意味です？

まさに、キルケゴールには自殺する道さえ鎖されて、神に向かって「この全体は一体何なのだ？なぜだ？」と問い詰める道しか残っていない。これが、彼にとっての「神の前に（coram Deo）」の意味なのです――まさに『(旧約）聖書』「ヨブ記」のヨブのように。

こう考えると、「自己自身であろうと欲する（er will selbst sein.）」という意味も、単純な欲求という意味ではないことがわかってくる。「欲せざるをえない」、あるいは「欲するように定められている」というような意味でしょうか。そして、それが現象的には神への「反抗」であるとすれば、これは「こうした自己自身を措定した神に向かって反抗すること」であり、まさにその全体を、すなわち自分がなぜ「こうである（セムシであり、穢れた血が流れ、不安に脅かされている）」のかを神に問い詰めることを欲せざるをえない、ということでしょう。

キルケゴールは、すべての自分の著作はレギーネに向けて書いた、と言っていますが、ここにあるのはロマンティックな恋愛物語ではなく、自分が激しく傷つけたレギーネだからこそ――彼女を犠牲にしてはじめて自分の道を探り当てることができたからこそ、彼女だけにはわかってもらいたかったのではないか、と私は思います。

先に挙げた、セーレン・オービュイの『単独者と憂愁――キルケゴールの思想』から引用しておきましょう。

彼はレギーネにあてて和解と交わりの恢復を申し出る手紙を書き、その手紙を同封したシュレーゲル宛の手紙で、それをレギーネに見せるかいなかのはんだんをまかせると書いた。シュレーゲルはレギーネ宛の手紙を、未開封のままでキルケゴールに送り返した。キルケゴールとレギーネの最後の邂逅は、西インド諸島の総督となったシュレーゲルのもとにレギーネが船出する直前であった。彼女が会釈し彼〔キルケゴール〕が応じたが、言葉はかわさなかったという。シュレーゲル一家がデンマークに戻ってきたときには、彼はもう生きてはいなかった。

（『単独者と憂愁』三六頁）

また、『現代思想』二〇〇四年二月号「キルケゴール」特集に掲載されている藤野寛の「キルケゴールの人と生」によると、レギーネがデンマークに戻ったのは、一八六〇年であって、九六年に夫が死にますが、その後彼女は一九〇四年（八二歳）まで生きたのです。

ふたたび、セーレン・オービュイの前掲書によると、「シュレーゲルはその後コペンハーゲンの市長を経て枢密顧問官となり、世間的には栄達した人物だから、レギーネは名流夫人として幸福で平凡な生涯を送ったと思われる」とありますが、そうではないかもしれませんよね。

なお、前掲論文において、藤野さんは「シュレーゲルの残した書物の中にはキルケゴールの著作六─七冊も含まれていた」（「キルケゴールの人と生」『現代思想』三四頁）、そして（注目すべきですが）、「レギーネは、かつての婚約者に対する関心が高まり、それが今や国境を越えるに至っていることを、ことのほか喜んでいた」（同、三四頁）と書いている。前から直観していましたが、レギーネはそれほど「普通の女」ではないようです。

1　絶望は長所か短所か？

次に「B　絶望の可能性と現実性」に進みます。ここは、論旨が明快であって比較的わかりやすいのではないかと思います。その分、文章のボルテージは下がっている感じですが。

絶望は長所であろうか、それとも短所であろうか？　まったく弁証法的に、絶望はその両方なのである。絶望している人間のことを考えないで、あくまでも抽象的な思想として絶望を考えようとすれば、絶望は非常な長所である、と言わざるをえないであろう。この病にかかりうるという可能性が、人間が動物よりもすぐれている長所なのである。そしてこの長所は、直立して歩行することなどとはまったく違った意味で、人間を優越せしめるものである。なぜかというに、この長所は、人間が精神であるという無限の気高さ、崇高さを指し示すものだからである。

（三〇頁）

この問いかけが、漠然としている。長所（Vorzug）と短所――というよりドイツ語の語感では欠陥（Mangel）――という言葉も曖昧です。そこで、文章を辿っていくと、長所に関しては、「この病にかかりうるという可能性が、人間が動物よりも優れている長所なのである」という語り口からして、キルケゴールの真意ではないことがわかる。「この長所は、人間が精神であるという無限の気高さ、崇高さを指し示す」という言葉はあまりにも通俗的であって、キルケゴールが心の底から言いたいことではない。

これは、この書の読み方の基本に関わるのですが、この書は絶望から脱却する（癒される）ための方法を示す書ではないのですが、同じくらい、絶望賛美の書でもない。つい、そう読みたくなるのですが、絶望こそが真摯な生き方の象徴であり、われわれは絶望するからこそ、人間としての崇高さを保っていられるのだ、というような上から目線の、悟りきった、かつ気楽な思想ではないのです。

まさにキルケゴールにとって絶望は、日夜きりきりと攻めたてられる苦しく恐ろしいものであり、彼は、それが人間の長所なのだと高みから断ずるような立場にはいないし、いることもできない。先に、「絶望は、この書物全体を通じて、病として理解されていて薬として理解されてはいない」（一七頁）という文章に注目しましたが、これはきわめて重要なポイントです。絶望は確かに苦しいけれど、まさにそれが人間を鍛えてくれるのだ、神に出会わせてくれるのだ、という感じの欺瞞的・功利的解釈ほどキルケゴールが嫌悪したものはないでしょう。

この病にかかりうるということが、人間が動物よりもすぐれている長所なのである。この病に注意しているということが、キリスト者が自然のままの人間よりもすぐれている長所なのである。この病から癒されていることが、キリスト者の至福なのである。

（三〇―三一頁）

キルケゴールにとって、人類には二種類しかない。自然人とキリスト者です。両方とも人間である限り、絶望を知っているけれど、自然人はそれに注意していないが、キリスト者は注意している。そして、ここでは最後の何気ない文章、「この病から癒されていることが、キリスト者の至福なのである」がとりわけ重要です。絶望はとにかく苦しいのであり、キリスト者とて、そこに留まることではなく、そこから「癒されている」ことを望むのです。

以上、これだけ絶望の長所を語った後で、キルケゴールは絶望の短所を語ります。

このようにして、絶望することができるということは、無限の長所である。けれども、絶望しているということは、最大の不幸であり悲惨であるにとどまらない、それどころか、それは破滅なのである。

（三一頁）

このあたりは、私の主観的読みなので、偏向があるかもしれませんが、可能性と現実性は抽象的区別ではなく、ここにまったくと言っていいほど違った二世界が開かれている。セムシであるからこそ、世の中の矛盾がよく見えるようになり、人間として鍛えられる、という類の言説に対して、私は怒り心頭に発するのですが、キルケゴールもこのことをよく知っていたに違いない。

彼は、自分がセムシであることは、「最大の不幸であり悲惨であるにとどまらない。それどころか、それは破滅なのである」と叫んでいるのです。それは、それを通して神に反抗したくなるほどの「わからない」問題なのであり、セムシでない人に、「それもまた長所だ」と言ってもらいたくない。言いかえれば、「絶望」とは、人間である限り誰でもかかる病であると言ってその共通点を強調するのが、正統的ルター派であり、その気楽さ、欺瞞に反して、現実的・具体的絶望を強調するのがキルケゴールだ、とこう私は読んでしまうのですが、違うでしょうか？　言いかえれば、あとで出てきますが、一見最低の段階に位置する「地上的なものについての絶望」（第一篇、Bのbのα）こそ、絶望の根幹をかたちづくっている。それが、魂の絶望にまで関与（反射）しているだ、と読むべきだと思いますが、どうでしょうか？

もし、この書がゲーテのような大秀才で眉目秀麗で富裕な両親の正統的結婚から生まれた幸運児によって書かれていたら、ほとんど何の魅力もないでしょう。この書は、絶望をセーレン・キルケゴールの現実的な絶望と重ね合わせて読むことができるからこそ、永遠の光を放っているのです。

2　絶望における可能性と現実性

いよいよ「絶望」という特異な現象に対してキルケゴールの鋭いメスが入ります。標題のように、ここで彼は「絶望」における「可能性と現実性」という、両者の特異な関係を問題とする観点から論じている。前項「1　絶望は長所か短所か？」の最後に「絶望することができるということは、無限の長所である。けれども、〔現に〕絶望しているということは……破滅なのである」（三一頁）という文章がありましたが、以下の箇所はそれに続くものです。

ふつうには、可能性と現実性との関係は、このようなものではなく、これこれでありうることが一つの長所であるならば、現にそうであることは、さらにいっそう大きな長所である。すなわち、現にそうあるということは、そうありうるということに対して、上昇というふうな関係にある。これに反して、絶望の場合には、現にそうあるということは、そうありうるということに対して、下降というふうな関係にある。可能性の長所が無限であるように、下降もまた同じように無限に底深いのである。したがって、絶望に関しては絶望していないということが、上昇なのである。

（三一頁）

出だしは、「ふつう」の場合ですから、解説の必要はないでしょう。まさにアリストテレスの言うように、「長所」に関しては、現実的な健康は可能的な健康に対して、現実的な知識は可能的な知識に対してあきらかに上昇です。

「これに反して」からは特異な「絶望」の場合ですが、可能性が現実性に移行すると、一挙に符号がプラスからマイナスへと逆転する。言いかえれば、「絶望」においては、現実性から可能性に移行すると、マイナスがプラスに転じる。「絶望できるのではあるが、現に絶望していない」ことが、最高の段階になるのです。

なお、「底深い」という訳語は独特の意味をもっているようですが、そのドイツ語は“tief”であって、この言葉は「深い」と「低い」の両方を表わしますので、「低い」でいいと思います。

けれども、この規定がまた曖昧である。絶望していないということは、ビッコでないとか、盲目でないとかいうのとはわけが違う。もし絶望していないということが、ただ絶望していないというだけのことで、それ以上の意味もそれ以下の意味も持たないならば、それこそまさしく絶望していることなのである。絶望していないということは、絶望してありうるという可能性が絶滅されたことを意味するのでなければならない。もし或る人間が絶望していないということが真実でありうるとすれば、彼は絶望するという可能性をあらゆる瞬間に絶滅させるのでなくてはならない。可能性と現実性とのあいだの関係は、ふつうには、そういうふうなものではない。

（三一―三二頁）

キルケゴールの書き方は曖昧ですが、ここで彼は「現に絶望していない」状態には二つの対極的な段階があると言いたい。①は、「ただ絶望してないというだけのことで、それ以上の意味を持たない」状態であり、いわば最低の段階。②は、あらゆる絶望を徹底的に克服したという意味で「現に絶望していない」最高の状態です――これをキルケゴールはこの書で語らないのですが。

①は、最も低い（素朴な）状態であって、後のCの「B　意識という規定のもとに見られた絶望」における分類の最初、「a　自分が絶望であることを知らない状態」にあたります。そして、②は「b-β　絶望して自己自身であろうと欲する」状態、すなわち、「絶望するという可能性」を瞬間ごとに「絶滅させる」ことによって、「現に絶望している」ことを選び取る段階にいたり、さらにそれをも突き抜けて、絶望から抜け出ている状態であり、絶望の最高段階のさらに上の状態です。

この箇所を読んでおわかりのように、キルケゴールはきわめて鋭い考察をするのですが、整理能力や客観的伝達能力に欠けていて、初心者はここだけ読んでもわけがわからないでしょう。このあとは、なかなか解読が大変なところです。

というのは、なるほど、現実性とは絶滅された可能性である、と言っている思想家たちもいるにはいるけれども、しかしこれはまったく真であるわけではなく、現実性とは満たされた可能性であり、現勢的な可能性であるのがふつうだからである。ところがそれとは逆に、ここでは、現実性（絶望していないということ）は、それゆえに一種の否定でもあって、無力な、絶滅せられた可能性なのである。ふつうなら、現実性は、可能性に対して、確認の意味をもっているのであるが、ここでは否認なのである。

（三二頁）

この「思想家」は訳注〔桝田注（29）〕によると、ヨハンネス・クリマクス（というペンネームのかつての自分自身）だというのですが、初めの三行は「ふつう」の場合は「現実性とは絶滅された可能性である、ということはまったく真であるわけではない」という意味でしょう。「ふつう」の場合、現実性は可能性が豊かになった段階ですから、「満たされた可能性」ないし「現勢的な可能性」と言うべきだからです。

そして、次ですが、やや混乱してくることに、「現実性（絶望していないということ）」という言葉がぽんと置かれている。これは、内容からすると先の①の段階であって、「ただ絶望してないというだけのことで、それ以上の意味を持たない」状態です。これは、絶望における最低の段階なのですから、「一種の否定でもあって、無力な、絶滅せられた可能性なのである」ことはわかりましょう――最後の「絶滅せられえた」にちょっとひっかかりますが、絶望の最高段階である「反抗」をさらに超えた「絶望していない」状態だとはどうしても読めない。そもそもキルケゴールは、この書でその段階を考察の対象にしていない。

では、最後の「ふつうなら、現実性は、可能性に対して、確認の意味をもっているのであるが、ここでは否認なのである」とはどういうことか？　現実性とは、「ふつう」の場合には、オタマジャクシがカエルになったように、カエルは予測されていたことが必然的に実現されたのだから「確認

（Bekräftigunng）」です。しかし、絶望における最低段階の現実性は、むしろ絶望の可能性という長所を無残な形で現実化したのであって、「否認（Verneinung）」――認めたくないというニュアンスを籠めて「確認」と逆――と呼ぶにふさわしいというのでしょうか。

3　可能的な綜合の齟齬としての絶望

絶望は、それ自身に関係する綜合の関係における齟齬である。しかし綜合そのものは齟齬ではなく、それは単に可能性であるにすぎない。言いかえると、綜合のうちには齟齬の可能性があるのである。もし綜合そのものが齟齬であるとしたら、絶望はけっして存在しなかったであろうし、そのとき、絶望は人間の本性そのもののうちにひそむ何物かであることとなるであろう。

（三二頁）

ここも、行間を読まねば解読できない。齟齬（Misverhältnis）は直前にも出てきました（この書第一章第8節の七六―七七頁あるいは二七一頁〔桝田注（24）〕参照）。「それ自身に関係する綜合の関係における齟齬」とは、「関係それ自身に関係する関係」（二七頁）である自己ないし精神の齟齬（不均衡）であり、一番わかりやすいのは、訳注〔桝田注（33）〕にもあるように、人間は、有限な（時間的な）ものと無限な（永遠な）ものとの綜合なのですが、その齟齬、第一章第8節での記号を使えば、"Ich⇔Gott"という関係の齟齬（不均衡）です。

そして、"Ich⇔Gott"がもともと現に齟齬（不均衡）であるのではなく、その可能性があるだけだということ。このことがキルケゴールの一番言いたいことであり、そうでなければ、すなわち齟齬(不均衡)がもともと現にあるのだとすれば——キルケゴールがここで論じているような——絶望は生じないであろう、ということ。

では、「絶望は人間の本性そのものにひそむ何物かであることとなるであろう」とは何か? その場合、われわれ人間は初めから絶望するようにつくられていることになり、まさに絶望は「外から」やってくる禍いだということになり、この書で論じられている「内からの」絶望は成立しなくなるということです。

つまり、そのとき、それは絶望ではないことになるであろう。そのとき絶望は、人間の身にふりかかってくる何物か、たとえば、人間がかかる病気であるとか、万人の運命である死であるとかといったような、何か人間がこうむるものであることになるであろう。しかしそうではない。絶望するということは、人間自身のうちにひそむことなのである。しかし、もし人間が綜合でなかったとしたら、人間はけっして絶望することはできなかったであろうし、また、綜合が神の御手によってもともと正しい関係におかれているのでなかったら、その場合にも、人間は絶望することはできなかったであろう。

(三二—三三頁)

「〔現に〕絶望するということは、人間自身のうちにひそむことなのである」が、神がそう人間を創造したのではないということであり、この線上にキルケゴールの絶望論があります。このあたりから、次第にキルケゴールの言いたいことが、姿を現わしてきたようです。神は、絶望しうるという可能性をもったものとして人間を創造した。だから、それは長所のはずです。しかし、長所である絶望の可能性を現実性に引き下げるのは、――神でもなく、自然現象でもなく――人間自身なのであり、すなわち絶望はこうした下降をもたらす人間の「内から」くるのです〔桝田注(35)参照〕。

上記引用箇所の最後の部分を言いかえてみましょう。「綜合が神の御手によってもともと正しい関係におかれているのだが、人間がそれに齟齬をもたらし、よってこのことに対して人間は絶望することができる」。絶望しうるという可能性の段階までは神の創造により、したがって長所なのですが、現に切望しているという段階は人間がみずから招いたことであり、したがって短所なのです。

4　絶望していることに対する責任

さらに、こうした構造から、よって現に絶望していることに関しては、人間に責任がある、ということになります。

それなら、絶望はどこからくるのか？　綜合がそれ自身に関係するその関係からくるのである。それも、人間をこのような関係たらしめた神が人間をいわばその手から手放しにすることによって、すなわち、関係がそれ自身に関係するにいたることによってなのである。そして、その関係が精神であり自己であるというところに、そこに責任があるのであって、あらゆる絶望はこの責任のもとにあり、絶望のあるかぎりそのあらゆる瞬間にこの責任のもとにあるのである。

（三三頁）

ここには、容易に見通せるように、アダムの原罪の話が絡んできます。神は全知全能なのだから、人間のあらゆる未来の行為も見通して人間を創造したはずであり、とすると禁断の知恵の木の実を食べるように、ヘビやエバの誘惑に負けるように、アダムを創ったはずです。しかし、不思議なことに、神は知恵の木の実を食べたアダムを罰して楽園から追放する。これをどう考えたらいいのか？　アダムのうちには神も見通せない選択の自由があったのか？　こう考えると、全知全能の神の概念と矛盾して、うまくいかない。こうして、二〇〇〇年以上にわたって、楽園追放のお話しには、疑問が燻り続けているのです〔桝田注（35）参照〕。

絶望する可能性を現実性へと下降させたのは人間だとしても、そのような能力をもつ者として、人間を創造したのは神ですから、神に責任を問いたくなる。その場合、相対的に人間の責任は軽減されてしまう。しかし、こう書いてみても、これが何を意味するのかはほとんど不明です。

こうして、ここにひそむ困難を知って、キルケゴールは「人間をこのような関係たらしめた神が、人間をいわばその手から手放しにすることによって」という「苦肉の策」——と言うと、キルケゴールは怒るでしょうが——を講じたのです。しかし、たとえ神が人間を「意図的に拒否する」ではなく、「手放しにする」と消極的に言いかえたとしても、——まさに禁断の木の実を食べたアダムを手放しにしたように——神がいかなる意図でそのような残酷なことをしたかがわからない。さらに、神は全知全能なのですから、人間を自分の手から手放しにすれば、どうなるかはわかっていたはずです。

こうして、なぜ人間は絶望する可能性を現実性に下降させたのかに関するキルケゴールの説明は、成功していないように思われます。しかし、原罪や絶望とは、このようなかたちで表層の論理的な矛盾を突いて終わるような問題ではないのです。

というのも、キルケゴールの頭には、われわれ人間は「絶望しないでいることもできる」という別の可能性もあるからです。これは、ちょうどカントの「いかなるときにも嘘をつくべきではない」という完全義務のように、誰ひとり事実として守れなくても、理性が命じるかぎり成立する、という論理構成に似ている。

カントの場合ですと、嘘をつく人は、「いかなるときでも嘘をつくべきではない」ということを「理性の事実」として知っていながら、これに反して意図的に嘘をつくのだから、有責なのです。同じように、現に絶望に陥ることは下降である――第二篇〔本シリーズでは、続刊「その三」に掲載予定〕では、さらにはっきりと「絶望は罪である」と言っている――ゆえに、有責なのです。

このあとは、また以前と同じ話が繰り返されているだけですが、少し異なった色合いも認められます。

たとえ絶望者が、勘違いをして、自分の絶望を、さきに述べた眩暈《めまい》の発作（この眩暈と絶望とは、質的に違ったものではあるけれども、共通するところも多い、そのわけは、眩暈が心の規定のもとにあるのは、絶望が精神の規定にあるのと同じで、眩暈は絶望と類比的なものを宿しているからである）の場合のような、外からふりかかってくる不幸ででもあるかのように、どれほど口をついやし、どれほど巧妙に語って、自分自身をも他人をも欺こうとも、そうなのである。

（三三頁）

ここで、キルケゴールは「心（Seele）」と「精神（Geist）」とをきっぱり分けている。眩暈は「心の規定」であり、絶望は「精神の規定」です。たしかに両者のあいだには「類比」が成立しているから、「勘違い」するのでしょうが、「質的に違ったもの」であることに変わりはないのです。

とはいえ、ここでキルケゴールが、「外からふりかかってくる不幸でもあるかのように、どれほど口をついやし、どれほど巧妙に語って、自分自身をも他人をも欺こうとも」と、しつこく語っていることが注目されます。

すなわち、われわれ人間はこのように絶望を直視せず、自他を欺くことに努力を傾けるのです。絶望が神との関係（不均衡）にまでいたる壮大な病（まさに死にいたる病）であることを認めたがらず、単なる心の病だと思い込みたがる。ここには、サルトルの自己欺瞞論のモデルとでも言うべき自己欺瞞の原型が描かれていると言うこともできましょう。

5 人間は絶望を招き寄せる

いよいよ、この辺りから「絶望」についてのキルケゴールの思索が先鋭化してきます。その独特の洞察をすみずみまで理解し尽くすのは大変骨が折れますが、やっと理解したと思っても、さらに先があるようだ、というのがキルケゴールです。

こうして齟齬が、すなわち絶望が出現したとして、そこからおのずから、その齟齬が持続するということになるのであろうか？　いや、おのずからそうなるのではない。齟齬が持続するのは、齟齬の結果なのではなく、それ自身に関係する関係の結果なのである。すなわち、齟齬が表われるたびごとに、また齟齬が現存する瞬間ごとに、かの関係に還元されなければならないのである。

（三三頁）

まあ、普通に読んでわかる文章ではないですね。ここで、ふたたび構図“ich＝ich”という関係V_1と“Ich⇔Gott”という関係V_2を想い起こしてください。キルケゴールの絶望論はいつもここに立ち帰ればわかる。しかし、そのさいに、さまざまな言葉がV_1とV_2を表わしているのを見抜くことが肝要です。

絶望とは、関係の齟齬、すなわち現象的（自覚的）にはV_1の齟齬（不均衡）なのですが、じつはV_2の齟齬（不均衡）に基づいている。「その齟齬が持続するのは、齟齬の結果なのではなく、それ自身に関係する関係の結果なのである」という文章も、適度に上の図式を使えばわかってくる。

「絶望が出現し」、かつ持続する場合に、それはV_1の齟齬の結果ではなく、「それ自身に関係する関係」すなわちV_2の齟齬の結果なのです。言いかえれば、絶望の持続は「かの関係（すなわち関係V_2）に還元されなければならない」。絶望は出現して次の瞬間に消えるものではなく、いわば本性上、持続するものであり、それを持続させているのはV_2（神との関係）だということです。

わたしたちは、よく、人が、たとえば不注意のために、病を招く、という。そのようにして、病は出現し、そしてその瞬間から、病は力をえ、いまやひとつの現実となるが、その根源はだんだん遠く過去のものになってゆく。もし病人に向かって、「病人よ、きみはいまこの瞬間にこの病気を招き寄せているのだ」とたてつづけに言いつづけるとしたら、すなわち、瞬間ごとに病の現実性を病の可能性へ解消しようとするとしたら、それは残酷なことでもあり、また、非人間なこ

とでもあろう。（三三―三四頁）

キルケゴールが病気の話をしたら、それは「死にいたる病」との違いを述べていると考えていいでしょう。ここは、まさにその通りであって、後に出てくる「死にいたる病」とは何かを対比的に示すための準備段階と考えていい。

「病は出現し、そしてその瞬間から、病は力をえ、いまやひとつの現実となるが、その根源はだんだん遠く過去のものになってゆく」ということは、普通の病気においては、その通りなのですが、「死にいたる病」はそうではない。なぜなら、「死にいたる病」は、病人が「いまこの瞬間ごとにこの病気を招き寄せている」のですから。これを言いかえて、「瞬間ごとに病の現実性を病の可能性へ解消しようとする」わけですが、この意味はだんだん追い詰めていくと、わかってくる。

この段階で、キルケゴールは「死にいたる病」は、「過去のものになっていく」ことなく、いつまでも現在に留まると言いたいのだろう、ということが想定される。それは言いかえると、「現実性＝過去性」を拒否して、いつも「瞬間ごとに病の現実性を病の可能性へ解消しようとする」、つまり過去化し現実性へと固まることを「瞬間ごとに」妨げて、現在すなわち、固まる前の可能性の段階に「解消」するわけです。

こうして、キルケゴールは普通の病の話を続けますが、「死にいたる病」を反対の実例として読み込めない読者は、ぼんやりした霧のなかを歩いていく気分でしょう。

なるほど、病人は病をみずから招いたのではある、しかし彼はただ一度だけ病を招き寄せただけであり、病の持続は彼がただ一度だけ病を招き寄せたことの単なる結果なのであって、病の持続の原因を瞬間ごとに病人のせいにするわけにはいかない。彼は病を招き寄せたのではあるが、しかし彼は病を招き寄せつつあるわけではない。（三四頁）

普通の病気の場合は、外からの原因による風邪や眩暈にしても、そういう状態になる原因をつくったのはその当人だとも言える。しかし、それが持続したとしてもそれは単なる自然（生理）現象であって、病気の発生からの自然因果性の結果にすぎない。彼の「精神」が、その病気の持続の原因であるわけではない。このことを、キルケゴールは、「彼は病を〔一度だけ〕招き寄せたのではあるが、しかし彼は病を招き寄せつつあるわけではない」と言っているのです。これで、準備ができました。「絶望」という「死にいたる病」の場合は、すべてがこうではないのです。

絶望するということは、それとは違う。絶望の現実的な瞬間瞬間は可能性に還元されることができるのであって、絶望者は、絶望している瞬間ごとに、絶望をみずから招き寄せつつあるのである。絶望は絶えず現在の時に生ずる。そこには現実のあとに取り残される過去的なものといったようなものはなんら生じない。絶望の現実的なあらゆる瞬間において、絶望者は、一切の過去的なものを、現在的なものとして、可能的にになって〔担って〕いるのである。（三四頁）

どうでしょうか？　これまでの「普通の病気」の分析に否定の符号をつければ、わりと簡単に読めるのではないでしょうか？　絶望という病が持続する場合、「絶望している瞬間ごとに、絶望を自ら招き寄せつつある」というのが鍵です、

このことを、キルケゴールは「絶望の現実的な瞬間瞬間は可能性に還元される」と表現する。すなわち、絶望者は、この病が過去化＝現実化することに逆行して、現在に留めておくのであり、「絶望者は、一切の過去的なものを、現在的なものとして、可能的にになって〔担って〕いる」わけです。

6　人間のうちにおける永遠なもの

この次に、「人間のうちにある永遠なもの（das Ewige）」という概念が登場してきます。

> そういうことになるのは、絶望するということが精神の規定であり、人間のうちにある永遠なものに関係しているからである。しかも、この永遠なものから、人間は抜け出ることはできない。いや、それは永遠にできない。人間は永遠なものを一挙に払い捨てることはできない、これほど不可能なことはないのである。（三四頁）

ここで、またあの図式を想い起こすと、V_2はじつは“Ich⇔Gott”ではなく、むしろ“Ich⇔das Ewige……Gott”とでも表わすべきようになっている。大文字の“Ich（私、すなわち“ich＝ich”）”は直接“Gott（神）”に関係しているのではなくて、「自己のうちにおける永遠なもの」に関係しているのです。これも前（本書六六―六七頁）に示しましたが、この図式はすべてを逆に見ていけばよくわかります。ふつう、自覚的には、われわれは“ich＝ich”のレベルで人間的自己同一性を保って生きてい

るのですが、じつはこの全体（Ich）が「永遠なもの」との関係においてあるのですから、「この永遠なものから、人間は抜け出ることはできない」。そして、この「永遠なもの」の背後に「神」がいるのです。

こうして「死にいたる病」という独特の病の全体構図を理解したので、終わりかと思いきや、このあと、ますますキルケゴールの筆は冴えてきます。キルケゴールが言いたいのは、じつはこれからなのです。

もし人間が永遠なものをもっていない瞬間があるとすれば、その瞬間瞬間に、人間は永遠なものを払い捨ててしまったのか、あるいは、払い捨てつつあるのか、そのどちらかにちがいない——しかし、永遠なものはまた戻ってくる。すなわち、人間は絶望している瞬間ごとに、絶望することを招き寄せているのである。（三四—三五頁）

「絶望」という病が持続するとき、病人は「永遠なものを払い捨ててしまったのか、あるいは、払い捨てつつあるかのどちらか」なのですが、「永遠なもの」は払い捨てられないものなので、そのたびごとに「また戻ってくる」。これを言いかえれば、この病人は「絶望している瞬間ごとに、絶望することを招き寄せている」ことになります。

それは、絶望が齟齬の結果として出てくるのではなく、それ自身にかかわる関係の結果として出てくるものだからである。そして人間は、自分の自己から脱け出ることができないのと同じように、それ自身への関係から脱け出ることもできないのである。ちなみに、自己とはそれ自身に対する関係なのであるから、これは結局同じことを言っているわけなのであるが。　（三五頁）

「齟齬の結果」とはV_1の齟齬（すなわち不均衡）の結果という意味であり、他の精神病や眩暈はそうでしょう。しかし、「絶望」は「それ自身にかかわる関係〔すなわち人間のうちにおける永遠なもの、さらには神との関係であるV_2〕の結果」なのです。よって、人間は「自分自身の自己〔すなわち"ich＝ich"というV_1〕から抜け出ることはできないのと同じように、それ自身への関係〔すなわち"Ich⇔das Ewige……Gott"というV_2〕から抜け出ることもできない」わけです。

以上の文意がわかったとして、さて、何のことでしょうか？　キルケゴールを読むときには、できればあなたの人生に照らし合わせて具体的にわからねばならない。

こういうことだと思います。キルケゴールはセムシでした。これは自然因果性の結果であって、外的原因による病です。だから、「病の持続〔セムシは持続します〕は彼がただ一度だけ病を招き寄せたことの単なる結果」とすら言えない。ましてや、彼は「瞬間ごとに、セムシという病を招き寄せつつある」わけではない。

これは、まさにその通りなのです。しかし、キルケゴールはそのために絶望した。セムシに代表される自分の穢れた血に絶望した……おわかりでしょう。こうして、彼はセムシである自分に絶望して、瞬間ごとに絶望を招き寄せつつあるわけです。そして、それは彼の責任なのであり、（原）罪なのです。

このことが、絶望しうるように神は人間を創造したが、それを現実化するのは人間である、ということの意味です。セムシであることの責任は、キルケゴールにはない。しかし、それによって絶望したことに対しては、彼に責任が帰せられるのです。

私は、口が裂けても、セムシだって、胸を張って堂々と生きればいいではないか、セムシでも魂は美しいではないか、という「痴呆発言」――あえて差別語を使います――をしたくない。セムシだから神に出会えたのだ、というもう一つの「痴呆発言」は、ついついそんな気もしてくるから、もっとタチが悪い。ともに、正統派のルター派の解釈に近く、真実ではなく、欺瞞的であり、軽薄であり、暴力的であり、想像力が枯渇しているから、踏みにじるべきなのです。

では、自分を呪い、他人を呪い、すべてを呪って生き、そして死ぬのか？　それも違う。まさに、ここで踏みとどまって、絶望の構造を洗いざらい探究することがキルケゴールを理解する鍵だと思います。

1「死にいたる病」という概念

ここで、節が変わります。ちなみに、この書の構成をふたたび見てみると、第一篇がA、B、Cに分かれていて、そのAがさらにA、B、Cに分かれていて、いまこのA（紛らわしいので章とします）のなかのB（節とします）を終えてC節に入るのです。

C節の標題は「絶望は『死にいたる病』である」ですが、A章の標題が「絶望が死にいたる病であること」であって、まあ同じですから、キルケゴールは、ヘーゲルを真似て無理やりA、B、Cという三つに分けた感があって、A節とB節のテーマは明確なのに、このC節はA章の最後という意味しかなく、A章のB節まで語ってきたことの総括という感じで、新しいことはほとんどないと言っていいでしょう。

死にいたる病というこの概念は、あくまでも独得な意味に理解されなければならない。文字どおりには、それは、その終わり、その結末が死である病のことである。それだから、致命的な病のことが、死にいたる病と同じ意味で用いられている。こういう意味では、絶望は死にいたる病とは呼ばれえない。（三五頁）

この部分は「序」や「緒言」の記述と重なります。すなわち「死にいたる病」における「死」には二重の意味があって、それは、肉体の死と魂の死です。もちろん本来の意味は後者ですが、前者と微妙に絡み合っている。この箇所では、前者の「死（肉体の死）」を意味する「死にいたる病」であれば、それはキルケゴールがこの書で問題にしている絶望ではないという――すでに読者が熟知している――ことが繰り返されている。

この程度のことなら、「序」や「緒言」にはるかに印象的に書いてあるので、ここでわざわざ語る必要もないほどのことなのですが、次の箇所は新しいものです。

むしろ。キリスト教的な意味では、死はそれ自身、生への移り行きなのである。その限りにおいて、キリスト教的に見ると、いかなる地上的な、肉体的な病も、死にいたるものではない。なぜかというに、確かに死は病の最後ではあるが、しかし死は終局的なものではないからである。もしもっとも厳密な意味で死にいたる病ということを言おうと思うなら、それは、終局的なものが死であり、死が終局的なものであるような場合の病のことでなければならない。そして、この病こそ、まさに絶望なのである。（三五―三六頁）

ここで「生への移り行き」というのは、ルター派に限らずキリスト教の普通の言い方です。まさにパウロの言うごとく、われわれは死んで肉の衣を失っても、あらたにキリストの衣をまとって生き続けるのですから。「その限りにおいて、キリスト教的に見ると、いかなる地上的な、肉体的な病も、死にいたるものではない」のです。すなわち、この最後の「死」は魂の死を意味します。

このあと、やや読みにくいのですが、「死」に「魂」を補えば容易に読める。すなわち「もし、もっとも厳密な意味で死にいたる病ということを言おうと思うなら、それは、終局的なものが（魂の）死であり、（魂の）死が終局的なものであるような場合の病のことでなければならない。そして、この病こそ、絶望なのである」。

ここに、「緒言」の最後をつなげれば、キリスト者はこのことを知っているがゆえに肉体の死を怖れない。しかし、「キリスト者の学び知った怖るべきものとは『死にいたる病』なのである」（一二頁）となります。肉体の死ではなく、魂の死を見つめながら生きることが、最も過酷な病である「絶望」なのです。

2 「死ぬことができない」ということ

この書は、第一篇がA、B、Cに分かれていて、その「A　絶望が死にいたる病であること」が、またA、B、Cに分かれているのですが、これらはヘーゲルのような正↓反↓合というきっちりした弁証法になっているわけでもない。例えば、（小さな区切りの）「C　絶望は『死にいたる病』である」は、（大きな区切りの）Aの標題とほとんど同じ字面であって、それほど考え抜いて標題をつけている感もありません。

さて、その「C」の途中からです。

けれども、絶望は、また別の意味で、なおいっそう明確に、死にいたる病なのである。すなわち、文字どおりの意味で、この病のために死ぬとか、この病が肉体的な死をもって終わるとかということは、とうていありえないのである。（三六頁）

キルケゴールは「死にいたる病」という独特の病を、聖書にあるラザロの死の一場面から切り出してきたのですが、そのさいに、この病が他のいかなる病とも異なることを論じるのですが、ここには「死」の意味の二重性が絡まっている。

すなわち肉体の死と魂の死であり、「この病が肉体的な死をもって終わるとかということは、とうていありえない」。こうして、「死にいたる」の意味するのは、後者の意味なのであり、すると反射的に前者の病はどうでもよくなる。というより、すぐ後に出てきますが、魂の死を知っている者（キリスト者）は、人生がいかに苦しくても、肉体の死をもって終わりとはならないことを知っているが故に、自殺を回避するとしても、肉体の自然死さえ望めなくなる。

ここで対象とする箇所では、このテーマをめぐってえんえんと記述されているのであり、まさにキルケゴールの語りたい欲望が全開しているところです。内容は以上述べたことに尽きるのですが、文章はリズミカルで、内容は重複を繰り返しながら、彼がいかに魅力的に印象深く語るか。苦心していることがよくわかります。

むしろ逆に、絶望の苦悩は、まさに、死ぬことができないということなのである。したがって絶望は、横たわって死と闘いながら、しかも死ぬことができない、死病に取りつかれたものの状態によく似たところがある。したがって、死にいたるまでに病んでいるということは、死ぬことができないということであり、しかもそれも、生きられる希望があってのことではなく、それどころか、死という最後の希望さえも残されないほど希望を失っているということなのである。

（三六頁）

もう説明の要はないでしょうが、「死ぬことができない」とは「肉体的に死ぬことができない」という意味です。なぜなら、彼にとってはもう一つの死である魂の死こそ重要であり、それは肉体の死によって解消されるものではないからです。

こうした文脈に置いてみると、（自殺を含めた）肉体の死を望む者は、それによって苦しみから逃れられる、そうでなくても、それによってすべてを終わりにすることができる、と考えていることがわかってきます。

しかし、そうではないことを知っている者（キリスト者）は、肉体の死のあとに続く最も重要なこと（魂が救われるか否かの審判）を知らないままに、積極的に肉体の死を望むことはないはずであり、彼は「死という最後の希望さえも残されないほど希望を失っている」のです。

「死ぬことができない」を、魂が救われるか否かの結果が出るまでは死ぬことができない、というドライなアナロジーによって解してはならないでしょう。キルケゴールは、ここで死後の心構えを論じているわけではない。（キリスト者が）生きているということは、絶えず自分はたぶん救われないだろうという不安と恐れのなかに生き続けることであり、そのあいだにいかなる世俗的苦しみが生じても肉体の死に望みを託することもできないこと、すなわち「絶望」状態にあり続けることなのです。

3　死を死ぬ

この次に、論理が若干飛躍します。

死が最大の危険であるときには、人は生きることを乞い願う、しかし、さらに怖るべき危険を学び知るとき、人は死を乞い願う。こうして、死が希望となるほどに危険が大きいとき、そのときの、死ぬことさえもできないという希望のなさ、それが絶望なのである。

（三六頁）

ここをどう読めばいいのか？　まず、キルケゴールは、一般に「さらに怖るべき危険を学び知るとき、人は死を乞い願う」と語る。そうです、拷問とか、凌辱とか、愛する者が殺されるとか、国家の滅亡を見るとか、とにかく生きていくことができないほどの危険です。

しかしキリスト者には、さらなる危険が控えている。これは、「緒言」の次の箇所に呼応しています。

人間というものは、より大きな危険を怖れているときには、いつでも、より小さい危険のなかへ踏み入る勇気をもつものである。ひとつの危険を無限に怖れるときには、その他のもろもろの危険はまったく存在しないも同然である。ところが、キリスト者の学び知った怖るべきものとは、「死にいたる病」なのである。

（二二頁）

キリスト者が「無限に怖れる」、「ひとつの危険」とは、魂が救済されないかもしれないという危険であり、その危険を知るとき、「（肉体的に）死ぬことさえもできないという希望のなさ」に陥る。それが「死にいたる病」すなわち「絶望」なのです。

さてこの最後の意味において、絶望は死にいたる病である、永遠に死ぬという、死にながらしかも死なないという、死を死ぬというこの苦悩に満ちた矛盾であり、自己における病である。

（三六―三七頁）

「永遠に死ぬという、死にながらしかも死なないという、死を死ぬというこの苦悩に満ちた矛盾」とは、いかなることか？　訳注〔桝田注（37）〕にもありますが、「死を死ぬ」とはドイツ語“des Todes sterben”という言いまわしの直訳で、ただ「死ぬこと」の旧い表現。さらに、この部分の一つのヒントが「序」の最後にあります。

キリスト教の用語でも、死は最大の精神的悲惨を表わすことばであるが、しかも救済は、まさに死ぬことに、死んだもののように生きることにあるのである。

（一七―一八頁）

「死んだもののように生きる」のドイツ語は“ableben”であって（訳注〔桝田注（37）〕参照）、鈴木祐丞の翻訳（講談社学術文庫）では「死にきる」となっている。これが、「死にいたる病」の症状を語っていることは確かであり、ほかのすべてのことを二の次にして、死だけを見つめて生きること、……とすると、「死んだように生きる」となりますが、こう訳すとネガティヴなイメージが湧いてくる。しかし、死んだように生きることがとりもなおさず神だけを見つめて生きることであって、これはむしろきわめて積極的な生き方なのです。

同じことが、ここでも言われています。

おもうに、死ぬということは、〃もうおしまいになった〃ということを意味する。しかし、死を死ぬということは、死を体験することを意味する。そしてこの死ぬということがほんの一瞬間でも体験されるならば、それは死を永遠に体験することである。

(三七頁)

ここで、キルケゴールが「死を体験する」と語っていることが印象的です。彼にとっては、肉体の死ではなく、むしろ魂の死が死の原型のはずですから、普通言われているような、生きながら死ぬほどの苛酷な体験をした、という意味であるはずがなく、とすると、肉体的に生きていながら、精神的には刻々と魂の死に怯えているという意味で、それを体験するということでしょうか?

4　自己を食い尽くすことができない＝絶望の自乗

もしかりに人間が、病気で死ぬのと同じように、絶望で死ぬものとしたら、人間のうちにある永遠なもの、すなわち自己は、肉体が病気で死ぬのと同じような意味で、死ぬことができなければならないであろう。しかし、それは不可能である。絶望の死は、絶えず生に転化するのである。絶望者は死ぬことができない。「剣が思想を殺すことができないように」「その蛆《うじ》は死なず、その火は消えることのない」絶望も、絶望の根柢にある永遠なもの、自己を、食い尽くすことはできない。

(三七頁)

ここで、ふたたび「自己における永遠なもの」が登場してくる。すでに細かく検討したように（本書六三―六五頁）、人間的自我は"ich = ich"という有限な関係（V_1）だけではなく、この全体（Ich）が「永遠なもの（das Ewige）」（V_2）に関している。というより、むしろV_2がV_1をも成立させているのです。したがって、例えば自殺によって自分を抹殺しようとしても、「永遠なもの」やそれとの関係V_2も「私」であるのですから、できるわけがない。

ここから、何度もキルケゴールは「食い尽くす（verzehren）」という言葉を使っていますが、人間は「永遠なもの」を食い尽くせない、あるいは「嚙み砕けない（zermahlen）」と言ってもいいでしょう。言いかえれば、「永遠なもの」がある限り、人間は死ねない。「絶望の死は絶えず生に転化する」のです。そして、この「永遠なもの」を「自己（Selbst）」と呼びかえてもいる。これは、次の箇所にすでに書かれています。

> 人間は精神である。しかし、精神とは何であるか？　精神とは自己である。しかし、自己とは何であるか？　自己とは、ひとつの関係、その関係それ自身に関係する関係である。（二七頁）

すなわち、人間はこうした二重の関係（V_1、V_2）である自己を有し、それは「永遠なもの」をはじめから含んで成立している関係なのです。よって「絶望〔した人間〕も、絶望の根柢にある永遠なもの、自己を、食い尽くすことはできない」のです。

けれども、絶望とは、まさに自己を食い尽くすことにほかならず、しかもみずからの欲するところをなしえない無力な自己食尽なのである。しかし、絶望みずからが欲することとは、自己自身を食い尽くすことであるが、これが絶望にはできないのであって、この無力さが自己食尽のひとつの新たな形態となる。　（三七頁）

これも、そのままわかると思います。「新たな形態」とは、じつはそれほど新たでもないのですが、絶望して自己を食い尽くそうとする（自殺しようとする、破滅しようとする）のですが、どうしてもできないことを悟るという形態です。

しかし、この形態の自己食尽においても、絶望はやはりその欲するところを、すなわち自己自身を食い尽くすことを、なしえない。それは絶望の自乗、あるいは自乗の法則なのである。これは絶望を焚きつけるもの、あるいは、絶望のなかの冷たい焰であり、絶え間なく内に向かって食い入り、だんだん深く自己食尽のなかへ食い込んでゆく苛責《かしゃく》なのである。（三七頁）

食い尽くそうとしてもできないことは、絶望の「自乗」なわけで、その者はさらに二倍も絶望状態に陥る。これは結果として「絶望を焚きつけるもの、あるいは、絶望のなかの冷たい焰」を灯すものです。

こうして、人間は自己を破滅させようとしてできないことを悟りながら、さらに高度の破滅へ向かい、「だんだん深く自己食尽のなかへ食い込んでゆく苛責」というわけです。「可責」とは、ピンとこない訳語ですが、ドイツ語は“nagen”であって、ただ「齧ること」。訳者はたぶんこの語が良心の苛責の場合も使われるのでこう訳したのでしょうが、「食い込んで齧ること」と訳してもいいでしょう。

絶望者にとっては、絶望が彼を食い尽くさないということは、慰めとなるどころではなく、まったくその逆で、この慰めこそまさに苦悩であり、それこそまさに、苛責を生かしつづけ、生を苛責しつづけるものにほかならない。なぜかというに、それだからこそ、絶望者は、自己自身を食い尽くすことができないことに、自己自身から脱け出ることができないことに、無になることができないことに、絶望した、というより現に絶望している、のだからである。これが絶望の自乗された公式であり、この自己の病における熱の上昇である。（三七―三八頁）

ここもいいですね。細かいことを言うと、「慰めとなるどころか」と書いた直後に「この慰めこそ」とくるのはちょっとおかしいのですが、原文（ドイツ語翻訳）でもこうなっている。「慰めとなるどころではなく、慰めと思ってもじつは苦悩であり……」というくらいの意味でしょうか。

なお、ここからあと、新たな観点が出てきます。

絶望するものは、何事かについて絶望する。一瞬そう見える、しかしそれは一瞬だけのことである。その同じ瞬間に、真の絶望が表われる、あるいは、絶望はその真相を表わす。絶望するものが何事かについて絶望したというのは、実は自己自身について絶望したのであって、そこで彼は自己自身から脱け出ようと欲しているのである。（三八頁）

われわれは具体的な何事かについて絶望するけれど、それはただの皮相であって、じつのところは、自分自身に絶望したのだ、という論理構造であり、よくわかるのではないでしょうか？　「そこで彼は自己自身から脱け出ようと欲しているのである」とは、こんな自分ではない他の自分になること欲しているということ、そして、それができないから、さらに絶望するということです。

このあと、長々と「帝王かしからずんば無か」という男の話が生き生きと記述されている。

このようにして、「帝王か、しからずんば無か」ということを標榜している野心家が帝王になれないとき、彼はそのことについて絶望する。しかし、その意味するところは別のところにある。すなわち、彼は帝王になれなかったというまさにそのことのために、そこで自己自身であることに堪えられない、ということなのである。したがって彼は、実は、彼が帝王にならなかったことについて絶望しているのではなく、帝王にならなかったことで自己自身について絶望しているのである。もし帝王になっていたら彼にとってこの上ない喜びであったにちがいないその自己、もっとも、この自己も別の意味では同じように絶望しているのではあるが、その自己がいまは彼にとって何よりも堪えがたいものなのである。もっと深く考えると、彼にとって堪えられないことは、彼が帝王にならなかったということではなく、帝王にならなかったその自己が、彼にとって堪えられないものなのである。あるいは、もっと正確にいえば、彼にとって堪えられないことは、彼が自己自身から抜け出ることができないということなのである。もし彼が帝王になっていたとしたら、彼は、絶望して、自己自身から脱け出してしまったことであろう。しかし、いま彼は帝王にならなかった、そして絶望して自己自身から脱け出ることができないのである。いずれの場合にも、本質的には、彼は同じように絶望しているのである。なぜかというに、彼は自分の自己をもっておらず、彼は自己自身でないからである。かりに彼が帝王になっていたとしても、やっぱり彼は自己自身とはならず、自分自身から脱け出していたことであろう。また、彼が帝王にならないとき、彼は自己自身を脱け出ることができないことについて絶望しているのである。

（三八―三九頁）

この部分は、そのまますらっと読めますから、解説はいらないように見えますが、そうではなく、ちょっと踏み込むと、それほど歩みを進めるのがたやすくはないことに気づく。というのは、「自己自身」の意味が、最後近くの「いずれの場合にも」の前までと、そのあとで変化しているからなのです（このことは、次の「5　二重の自己自身」のところで、あらためて検討します）。

その前までは「自己自身」とは有限な自己自身、すなわちこの世のものに対する執着のようなものでしょう。帝王になれなければ、この執着は消えないので、「自己自身（執着）から脱け出ることができない」のですが、帝王になってしまえば、この執着は消えるので、「自己自身（執着）から脱け出ることができる」というわけで、わかりやすいですね。

しかし、そのあとは、「自己自身」は無限な自己自身、すなわち「本来の自己自身」という意味です。この点から見直すと、彼は帝王になれてもなれなくても、「（本来の）自己自身から脱け出している」。ですから、最後の文章は「また、彼が帝王にならないとき、彼は〔有限な〕自己自身から脱け出ることができないことについて絶望しているのである（から、やはり彼は〔無限な〕自己自身から脱け出しているのである)」と補えば、どうにかわかるでしょう。
なお、細かいことですが、目障りなので触れておきますと、訳者は「自己自身」と「自分自身」を訳し分けていますが、これは単なるミスでしょう。原文(ドイツ語)は前者が"selbst"後者が"sich selbst"でたしかに違うのですが、この区別を活かすなら、むしろ「自己自身」と「自分自身」を逆にするべきだと思います。

それだから、絶望者について、それがまるで絶望者の受けるべき罰ででもあるかのように、彼は自己自身を食い尽くしている、というのは、(おそらく絶望者というものを、自己自身をさえも、かつて見たことのない)皮相な観察である。というのは、それこそが、彼の絶望しているものなのであり、それこそが、できなくて彼の苦悩となっているものなのであり、それは、焼けることも焼け尽きることもありえないもののなかに、すなわち自己のなかに、絶望によって、火が投ぜられたことなのだからである。(三九頁)

人間は何事かをめぐって絶望していますが、「それによって自己自身を食い尽くしている」かのようにみなすのは「皮相な観察」であって、じつのところ、人間は自己自身を食い尽くすことはなく、このことを通じて「自己のなかの永遠なもの」に気づくこと、そして自己自身に絶望することこそが――この後すぐに出てきますが――「本来の絶望」なのです。

5　二重の自己自身

それゆえに何事かについて絶望するのは、まだ本来の絶望ではない。それは初まりである、あるいは、医者が病について、症状がまだ表われていない、と言うときのようなものである。その次に、自己自身について絶望するという明らさまな絶望が表われる。（三九―四〇頁）

この箇所は、解説の要はないでしょう。「本来の絶望」は「何事か」についてではなく、「自己自身」についてだということ。しかし、裏を読めば、本来の絶望も初まりは具体的な「何事か」についての絶望だということになります。このあと（いや、この書全体で）、キルケゴールは「本来の絶望」が広い意味でのいわゆる絶望といかに異なっているかをとうとうと論じる。

このあと、恋人が死んだ、あるいは恋人から裏切られた娘の話が出てくるのですが。――こういう生き生きした文学的叙述が、この書の魅力の一つなのですが――解説の必要はないと思われます。

若い娘が恋のゆえに絶望している、つまり、恋人が死んだか、あるいは恋人が彼女を裏切ったかして、恋人を失ったことについて絶望している。これは明からさまな絶望ではない。そうではなく、実は彼女は自己自身について絶望しているのである。もし「彼の」恋人となっていたら、いとも愛らしい仕方で脱け出すか失うかしていたにちがいない彼女のこの自己、この自己が「彼」なしにいなければならないので、いまは彼女にとって苦痛なのである。彼女にとって彼女の富となっていたはずのこの自己、もっとも、これも別の意味では同じように絶望しているのではあるが、この自己が、「彼」が死んだので、いまは彼女にとっていまわしい空虚となったのである。あるいは、この自己が、彼女が欺かれたことを彼女に思い出させるので、彼女にとって嫌悪すべきものとなったのである。

（三九―四〇頁）

これも、とくに解説の必要はないと思いますが、キルケゴールはここで「若い娘」に限ってこう語っていることに注目すべきでしょう。彼の女性観はとても古典的なものであって、それは桝田訳の九五―九七頁にあるキルケゴール自身の注記（＊）にまとめられていますので、そこに譲ります。

だから、そういう娘がいたら、試みにその娘に向かって「あなたはあなた自身を食い尽くしていますね」と言ってみるがいい。きみはきっと、「いいえ、それができないからこそ、わたしは悩んでいるのです」という彼女の答えを聞かされることであろう。

（四〇頁）

「食い尽くす」に当たるドイツ語は“verzehren”であって、その通りなのですが、日常会話で、「あなたはあなた自身を食い尽くしていますね」と言われても、質問の意味がわからないでしょう？　自分自身をぼろぼろになるまで全否定して、自殺の瀬戸際まで追い込んでいる、というくらいの意味なのですが、恋人が死んだり、恋人に裏切られた――これが「何事か」です――娘は、「それができないからこそ、悩んでいる」のです。

このあたりは、とくに不思議な話ではなく、キルケゴールをまったく知らない読者も、そういうこともありうる、というふうに読めるところではないでしょうか。

自己について絶望すること、絶望して自己自身から脱け出ようと欲すること、これがあらゆる絶望の公式である。したがって、絶望して自己自身であろうと欲するという、絶望の第二の形態は、絶望して自己自身であろうと欲しない第一の形態に還元されることができるが、これは、わたしたちが、先に、絶望して自己自身であろうと欲しないという形態を、絶望して自己自身であろうと欲するという形態に解消した(A参照)のと同様である。（四〇―四一頁）

ここで「自己」という言葉が二重の意味で使われています。①世俗的・人間的自己、②本来の自己(自己のなかの永遠なもの)です。何度も使った図式をまた使いますと、①が"ich = ich"であり、②が"Ich = Ich (das Ewige)"です。これに呼応して、絶望もまた二重に意味づけられ、①が「絶望の第一の形態」であり、②が「絶望の第二の形態」です。

そして、ややこしいことに、①にも②にも「絶望して自己自身から脱け出ようと欲する」と、「絶望して自己自身であろうと欲する」という態度の両方がある。これだけ準備して、「したがって」からあとを適当に補って読んでみると、「絶望して〔人間的な〕自己自身であろうと欲するという、絶望の第二の形態は、絶望して〔永遠なものとしての〕自己自身であろうと欲しない第一の形態に還元されることができる」となって、よくわかります。

これを言いかえると、「絶望して〔永遠なものとしての〕自己自身であろうと欲しないという形態を、絶望して〔人間的な〕自己自身であろうと欲するという形態に解消したのと同様である」ということになる。このあたり、キルケゴールはもっと整理して書けばいいのに、と思います。「還元」と「解消」という概念も、この場合、とくに意味に違いがあるわけではないので、文意をいたずらにわかりにくくしているだけだとも思われます。

6 自己自身から脱け出られない苦悩

直前の引用で〔 〕で補った箇所をめぐる解釈は、じつはこの後の論述からやっとわかってきます。

> 絶望するものは、絶望して自己自身であろうと欲する。しかし、もし彼が絶望して自己自身であろうと欲するのなら、彼は自己自身から脱け出ることを欲していないのではないか。確かに、一見そう思われる。しかし、もっとよく見てみると、結局、この矛盾は同じものであることがわかるのである。絶望者が絶望してあろうとする自己は、彼がそれである自己ではない（なぜなら、彼が真にそれである自己であろうと欲することは、もちろん、絶望とは正反対であるからである）、すなわち、彼は彼の自己を、それを措定した力から引き離そうと欲しているのである。（四一頁）

この引用箇所の後半部分、「結局、この矛盾は同じものであることがわかるのである」からあとが、キルケゴールの真に言いたいことです。「絶望者が絶望してあろうとする自己は、彼が〔真に〕それである自己ではない」。「なぜなら、彼が真にそれである自己であろうと欲することは、もちろん絶望とは正反対であるからである」。明確にわかるではありませんか。

最後にこのことをもう一度言いかえているのですが、ここも少し補っておきますと、「すなわち、彼は彼の自己を、それを措定した力〔神〕から引き離そうと欲しているのである」となります。そして、自然に次につながる。

しかしそれは、どれほど絶望したところで、彼にはできないことである。絶望がどれほど全力を尽くしても、あの力のほうが強いのであって、彼がそれであろうと欲しない自己であるように、彼に強いるのである。

（四一頁）

「あの力」とはもちろん「神の力」のことですが、ここにいたって、キルケゴールが意図的に「神」という言葉を避けていることがわかってきます。そして、これに続く最後の部分も補うと「〔神は〕彼がそれであろうと欲しない〔永遠なものとしての〕自己であるように彼に強いるのである」となるわけです。

初めからこう書けばいいのですが、キルケゴールに好意的に解釈すると、彼は「わざと」読者を弁証法的語りのなかに引き入れ、そこで引きずり回し、「さて、これは何だろう？」といくたびも疑問を呼び起こさせ、次第に目を開かせる、という「策」をしかけていることがわかります。

これこそが、初めに述べた（本書一九頁）キルケゴールの「イロニー」という技法であって、これに慣れてくると、彼の技法に乗り（乗ったふりをし？）、彼の側に立ってその「策」を味わいながら進んでいく、という適度の緊張が心地よくもなります。私のようにさらに慣れてくると、ちょっと食傷気味にもなりますが。

それにしても、キルケゴールはこうして、一方で、読者を攪乱しておきながら、他方、じつにマメに読者のもとに助け舟（問いのヒントとなる言葉）を出す。

しかし、それにもかかわらず、彼はあくまでも自己自身から、彼がそれである自己から、脱け出して、彼が自分で見つけ出した自己であろうとする。彼の欲するような自己であるということは、それがたとえ別の意味では同じように絶望していることであろうとも、彼の最大の喜びであろう。ところが、彼がそれであることを欲しないような自己であることを強いられるのは、彼の苦悩である、つまり、彼が自己自身から脱け出ることができないという苦悩なのである。（四一頁）

ここにいたって、もう解説の必要はないでしょう。「彼の欲する〔人間的〕自己であるということは、……彼の最大の喜びであろう。ところが、彼がそれであることを欲しないような〔永遠のものとしての〕自己であることを強いられるのは、彼の苦悩である」というわけです。

この書を通じてキルケゴールが強調していることは、われわれが「永遠のものとしての自己」から、さらにその背後の「神」から「脱け出ることができない」ことは喜びではなく、「苦悩」だということです。これが、正統的ルター派（のみならず、あらゆるキリスト教の宗派）の考えと最も異なる点でしょうね。そして、まさにこのことを理解することが、「死にいたる病」という絶望の真意を理解することなのです。

7　人間のうちに「永遠なもの」があることの証明

ソクラテスは、魂の病（罪）は、肉体の病が肉体を食い尽くすのとは違って、魂を食い尽くすものではないということから、魂の不死性を証明した。それと同じように、絶望は絶望者の自己を食い尽くすことはできないということから、そのことがやがて絶望における矛盾の苦悩であるということから、人間のうちに永遠なものがあることを証明することもできる。（四一―四二頁）

ここもわかるのですが、「絶望における矛盾の苦悩」という表現が少しひっかかるかもしれない。「肉体の病が肉体を食い尽くす」のは合理的なのだが、どんなに苦しくても「自己自身から脱け出ることができない」のは、合理的ではない――人間の論理を超えている――という意味で、「矛盾の苦悩」と言っているのでしょう。とにかく、こうして自己自身のうちに自分の願望を超えたものを認めざるをえないがゆえに、自己のうちにある「永遠なもの」を「証明することができる」というわけです。

以下は、このことを言いかえたものにすぎません。

人間のうちになんら永遠なものがないとしたら、人間はけっして絶望することができなかったであろうし、また、もし絶望が絶望者の自己を食い尽くすことができたとしたら、絶望というものも、もはや存在しなかったであろう。（四一―四二頁）

これまでの論述でだいたいの構図は描けたと思いますが、こうして、キルケゴールにとって、人間は絶望を通して「自己における永遠なもの」をつかみ、さらにこのことを通して、真摯に「神の前（coram Deo）」に立つことができるのです。

このようにして、絶望は、自己におけるこの病は、死にいたる病なのである。絶望者は死病にかかっている。ふつう何かの病気について言われるのとはまったく違った意味で、この病はいちばん大事な部分を侵したわけなのであるが、それだのに、彼は死ぬことができないのである。

（四二頁）

言いかえれば、こうした絶望状態にあることが「死にいたる病」なのですが、この語義に反して――弁証法的に――この病は死に「いたり」ながら「死ぬことができない」。すなわち、「死にいたる」という状態に留まり続ける病だというわけです。「この病はいちばん大事な部分を侵した」における「いちばん大事な部分」とは、「人間のレベルでいちばん大事な部分」という意味でしょう。

死は病の終局ではなく、死はどこまでもつづく最後なのである。死によってこの病から救われることは、不可能なことである。なぜなら、この病とその苦悩は、――そして死は、死ぬことができないということそのことなのだからである。

（四二頁）

「どこまでも続く最後」とは恐ろしい表現ですが、まさに絶望している者は、「肉体の死」に「いたる」ことができないことを悟ることによって、自分が「魂の死」に「いたる」病――本来の意味における「死にいたる病」――にあることを自覚するのです。

これが絶望における状態である。絶望者が自分の自己を失ってしまうことに、そのことに少しも気づかないほどすっかり自己を失ってしまうことに、たとえどれほど失敗しようとも、またたとえどれほどそれに成功しようとも（これは特に、絶望であることについて無知であるような種類の絶望の場合に言えることである）、それでも永遠はきっと、彼の状態が絶望であったことを顕《あら》わにするであろう、そして彼の自己を彼に釘づけにすることであろう。

（四二頁）

ここはかなりの読み込みが必要な箇所ですが、対話のための課題にしましょう。これまでのキルケゴールの透徹した、しかも弁証法的思想を正確に把握すればわかるのですが、なかなか読み解くのは難しいでしょう。各自、明晰な意味が浮き出てくるまで解読を試みてください。ヒントとしては、「たとえどれだけ失敗しようとも、またどれだけそれに成功しようとも」という言い回しが正確にわかれば、理解できるでしょうが、この部分を曖昧にしておく限りわからないでしょう。

対話1

ここに引いた文章の難しさは、「自己（Selbst）」という言場が二重の意味をもっていることにあります。何度も言いましたが、自己には人間的自己である“ich＝ich”という低いレベルと、それ全体を“Ich”として“Ich＝Ich（das Ewige）……Gott”という高次のレベルとがあるのです。

ここで「絶望者が自分の自己を失ってしまう」と言われているのは、後者の高いレベルの自己、自己における「永遠なもの（das Ewige）」を自覚している、すなわちそれを「失う」ことはありえないことを自覚しているレベルの自己です。

ですから、引用文における、「自己を失ってしまうこと」とは「自己を失ってしまうと思い込むこと」と解釈し直さねばならない。そして、その失敗と成功が次に語られているのです。

ということは、失敗するとは、「自己を失うことに失敗すると思い込んでいる」ことになり、成功するとは、「自己を失うことに成功すると思い込んでいる」ことになる。そして、この「思い込み」を通じて、われわれは「自己を失うこと」が原理的にできないことを自覚する、というふうに進んでいきます。そして、その時点から振り返ると「永遠〔自己における永遠なもの〕」はきっと、彼の状態が絶望であったことを顕わにする」のです。

「自己を釘づけにする」という言い回しは、イエスの磔《はりつけ》を想い起こさせますが、この段階にいたると、「自己における永遠」なものは、「自己を釘づけ」にして、二度と自己によって忘れ去られる——無視される——ことはないのです。

なお、自己を失うことに成功した——と思い込む——場合に、「(これはとくに絶望であることについて無知であるような種類の絶望の場合には言えることである)」と括弧を補充したのは、失敗した——と思い込む——場合よりずっとたちが悪いからでしょう。「自己における永遠なもの」さらにはその背後の神を駆逐できたと錯覚するのですから、それはキルケゴールにとって「無知」の極致なのです。

次に、Aの最後の文章に進みます。

そこで、彼が自分の自己から脱け出ることができないという苦悩がどこまでも残り、それが彼にできるなどと思うのは単なる空想でしかないことが、顕わになるであろう。そして永遠はそうするにちがいない。なぜかというに、自己をもつこと、自己であることは、人間に与えられた最大の譲与であり、無限の譲与であるが、しかし同時に、永遠が人間に対してなす要求でもあるからである。

（四二―四三頁）

「なぜかというに」以下がぼんやりしてわかりにくいかもしれない。わかりにくい理由の一つは翻訳にあり、「譲与」という言葉のニュアンスがわからない。これに当たるドイツ語は“Zugeständnis”であって“zugestehen”という動詞に由来する名詞。そして“zugestehen”とは、相手の言うことを承認し、その意味で相手に譲歩することです。ですから、先に挙げた鈴木祐丞訳では「譲歩」となっている。

「永遠」とは、キルケゴールにおいては、「自己」のなかの「永遠的なもの」であり、このような「自己」をもつことは、一見理不尽であるように見えるのに、それが人間に与えられた「最大の譲歩」であると言う。その場合、「譲歩」の主体が何かですが、それは人間の創造主である「神」以外には考えられないでしょう。

そうすると、こうした絶望を神が与えたのは、人間に対する神の「最大の譲歩」ということになる。そして、それが同時に人間に対する神の「要求」でもあることになる。このあたりで、ちらりとわかってきたのではないでしょうか？　すべては、人間が真の意味で「神の前」に立つために神が与えた

キルケゴール、30歳のものと言われる肖像

もの、すなわち、神が（原罪を犯した）人間を見捨てずに、それでも救うために、人間に譲歩してあらためて人間に要求するものだからです。

こうさらさらと書きながら、信仰の背景のない私のような者がキルケゴールを読むとはいかなることか、あらためて自己嫌悪に圧倒されます。こう解説して、あるいはこうした解説を読んで、字面の上で何事かがわかったとして、いったい何がわかったのでしょうか？　キルケゴールを読み出してから、五〇年以上も続くこの疑問は、「疑問をもち続ける」という「苦悩」に留まる、という解決から一歩も出ていないのですから、まさに「死にいたる病」です。

第二章　絶望の秘密——〔B　この病（絶望）の普遍性〕

1　「不安」という概念

「B　この病（絶望）の普遍性」から始めます。ここからは、キルケゴールの典型的な文章が連なり、普通の病気との差異を通じて「死にいたる病」という独特の病気である絶望について論じている。

医者なら、完全に健康な人間などというものはおそらく一人もいはしないと言うであろうが、同じように、人間というものをほんとうに知っている人なら、少しも絶望していないという人間など、その内心に動揺、軋轢《あつれき》、不調和、不安といったものを宿していない人間など、一人もいないと言うにちがいあるまい。（四四頁）

この文章のように、初めにはきわめて簡明な文章があり、突然、それに続いて何やら意味のわからない文章が続くのですが、これからはこういう構造の繰り返しです。キルケゴールは、ここで普通の肉体の病気と絶望という特殊な病気との差異を印象的に語りたいのであって、その限り別に難しくはない……と高を括っているうちに、キルケゴールの意図が見えなくなっていく。いまから予告しておきますと、ここの最後あたりは、その「見えなくなっていく」怖れのあるところです。

さて、右の引用箇所の後半に書いてある、「少しも絶望していないという人間など、……一人もない」ということも、「人間というものをほんとうに知っている人」でなくても、普通に生きていれば、「そうだな」と思います。

しかし、次からぐんとハードルは高くなります。


それは、知られない或るものに対する不安、あるいは、人間があえて知ろうとさえもしない或るものに対する不安であり、人世〔現存在〕*の或る可能性に対する不安、あるいは、自己自身に対する不安なのであって、したがって人間は、からだに病気をかかえてうろつきまわっていると医者が言うように、ひとつの病を、つまり精神の病をかかえかついでうろつきまわっているのであって、この病が、ときたまどうかしたはずみに、電光のように、自分自身にもわけのわからない不安によって、またそのような不安を伴って、その病が内部にあることを気づかせるのである。

（四四頁）


この引用箇所のキーワードは「不安（Angst）」です。この概念にキルケゴールは豊かな意味を盛り込んで、『不安の概念』と題する本まで書きました。後にハイデガーが精緻に分析していますが、「不安」とは対象がはっきりした「恐怖（Furcht）」とは異なる。

「知られない或る物に対する不安、あるいは、人間があえて知ろうとさえもしない或るものに対する不安であり、人世*の或る可能性に対する不安、あるいは、自己自身に対する不安」であって、それは、神が「あの木の実を食べてはならない」と命じたときにアダムに生じた不安にまで淵源します。「不安」について語りだしたら切りがないのですが、その源泉がアダムの不安だとすると、まさにそれはアダムが神の言葉を理解したとき、自己意識が芽生えたとき、善悪の区別がわかったとき、エヴァに対する性欲が生じたときでしょう。そしてこれは、キルケゴールの図式では、「無限性と有限性との、時間的なものと永遠なものとの、必然との綜合」（二七頁）である人間的自己——あるいは精神——が生じたときです。

そして、絶望という病は、まさにこの「不安」によって点火される。「電光のように、自分自身にもわけのわからない不安によって、またそのような不安を伴って、その病が内部にあることを気づかせる」のです。

ですから、「不安」とは、地震の恐怖とか、健康上の怖れとか、老後の心配とか、ありとあらゆる人生の具体的な心配事とは異なり、絶望という病特有の症状と言っていい。どんな人でも、ふと「不安」を覚える。しかし、それは対象が見えず、「自己自身に対するもの」すなわち先のような綜合である人間的自己（精神）の構造そのものに内在するものなのです。

＊　訳者は、"Dasein"を「人世」と訳した理由を桝田注（44）で語っていますが、やはり抵抗があるので、「人世（現存在）」と表現します。なお、鈴木祐丞訳（講談社学術文庫）は「人間という存在」、斎藤信治訳（岩波文庫）は「生存」です。

2　絶望していないこと

このあと、多分、多くの人が読み違いをするのではないか？　世の通念に惑わされずに、真剣にキルケゴールの言葉をとらえようとすればするほど、読み違いをするのではないか？と思います．

少なくとも、絶望したことがないなどという人間は、キリスト教界の外部には、かつてひとりも生きていたことがなかったし、また現に生きてもいないが、またキリスト教界の内部にも、真のキリスト者でないかぎり、ひとりもいはしない。そして人間は、真のキリスト者になりきっていないかぎり、結局、なんらかの意味で絶望しているのである。

（四四―四五頁）

キルケゴールは人間を三種類に分ける。

① 真のキリスト者
② 真ではないキリスト者
③ キリスト者ではない者

じつのところ、彼は③には関心がない。じつは、①はほとんど――ないしはまったく――いない、言いかえれば――カント的に言えば――「理念」としてしかいない、と思っている。こうして、この書はもっぱら②に向けて書かれていると言っていいでしょう。

よって、①以外のキリスト者（すなわち②）は絶望するに決まっているのですから、「絶望したことがないなどという人間は……かつてひとりも生きていたことがなかったし、また現に生きてもいない」。だから、自分は「絶望したことがない」と思い込んでいたり、発言したりしている者は、すべて錯覚、幻想、自己欺瞞に陥っていることになります。

右に私が、「多くの人が読み違いをする」と言ったのは、自分の内面を真摯に探れば絶望するに決まっているのだから、それを自覚することこそ正しい生き方である、という方向の解釈です。まさに、その典型はサルトルであり、とくにハイデガーなのであって、後者によれば、人間は――キルケゴールの『死にいたる病』からとって――「死にいたる存在（Sein zum Tode)」であり、自分の死を見据えて生きることが「本来的生き方」であり、それを隠蔽して生きているのが「非本来的生き方」なのです。

しかし、これはキルケゴールの絶望論を再現しているようでいて、じつはそれから大幅にずれている。キルケゴールにとっては、「死にいたる病」すなわち「絶望」に真摯に陥ることが本来的生き方なのではなく、それを踏み台にして自己のなかの「永遠のもの」に気づき、「絶望していない」状態に飛躍することこそ目標なのですから。神を捨てたハイデガーとの大きな違いは、キルケゴールが骨の髄までのキリスト者であり、神の子としてのイエスの存在、神の存在、すなわち自分が神の被造物であることを瞬時も疑っていないことです。

たしかに、真摯に絶望している人は、絶望などしていないと嘯《うそぶ》いて欺瞞的に（軽薄に）生きている膨大な人々よりずっと「正しい――神に近い」のですが、断じて理想的生き方ではない。理想的生き方は、やはり一点の曇りもなく神を信仰している、「絶望していない」生き方なのです。

以上のことがわからないと、次に続く文章の意味はわからないでしょう。

こういう考え方をすると、きっと多くの人には、逆説を弄《ろう》しているとか、誇張しているとか、そればかりか、陰気な、人の気をめいらせるような見方をしているとかと、思われるかもしれない。けれども、けっしてそうではない。（四五頁）

説明する必要はないかと思います。最初に言ったように、この書は「（絶望を克服した）アンティ・クリマクス著、そして、（絶望の只中にある）セーレン・キルケゴール刊」なのであり、前者が後者に向かって語りかけている書であることを忘れてはならない。このあたり、キルケゴールはアンティ・クリマクスの視点から、「絶望したことがないなどという人間は……かつてひとりも生きていたことがなかったし、また現に生きてもいない」と言いながら、「その次」があることを仄めかしているのです。

このような考え方は陰気なものではない。むしろその逆に、このような考察は、ふつう或る種の暗がりのなかに放置されがちなものを、明るみに出そうとするものである。それは人の気をめいらせるものでもない。むしろその逆に、人の気を引き立たせるものである。なぜなら、この考察は、人間は精神でなければならぬという人間に対する最高の要求を定めたうえで、あらゆる人間を考察するものだからである。この考察はまた逆説でもない。むしろ逆に、整然と筋道のとおった根本的な見方であり、そのかぎりにおいて、それはまた誇張でもない。（四五頁）

真のキリスト者の目からすれば、精神としての自己のなかに「永遠なもの」があり、それを通じて自己が神とつながっていることは確かなのですから、そして、こうした構造のなかで自己は絶望状態にあるのですから、「陰気」でもなく、「逆接」でも「誇張」でもなく、「整然と筋道のとおった根本的な見方」なのです。

ここからあと、キルケゴールは、読者サービスに努めていて、難解な論述のあとにそれをほぐすような易しいお話しが挟まり、全体としてこの書を魅力的なものにしています。

キルケゴールは、ぐるっと「絶望についての普通の考察」（四五頁）、すなわち「皮相な考察」を一瞥したあとで、次の結論にいたります。

絶望についての普通の考察は、このような考察とは反対に、外見に甘んじており、したがって皮相な考察にすぎない。つまり、考察とも言えないほどのものである。普通の考察は、人間は誰でも、自分が絶望しているかいないかについて、自分自身がいちばんよく知っているにきまっている、と考えている。だから、自分は絶望していると自分自身でいうものは、絶望していると見なされ、自分自身は絶望していると思わないものは、また絶望しているものとは見なされない。その結果、絶望は案外まれな現象だということになる。ところが実は、絶望はまったく普遍的なものなのである。人が絶望していることが稀なことなのではない、そうではなくて、人が真に絶望していないということが稀なこと、きわめて稀なことなのである。（四五―四六頁）

この文章も、キルケゴールをサルトルやハイデガーの視点、すなわち無神論的実存主義の視点から、読み始めた人は――私もそうでした――、「あれ?」と思うでしょう。「そうではなくて、人が真に絶望しているということが稀なのである」というつながりをごく自然に期待して読んでいるからです。

キルケゴールにとってもまさにその通りなのですが、彼はここでその段階をとばして、さらにその上の「人が真に絶望していないということが稀なこと、きわめて稀なことなのである」と語っているのです。それは、とくに彼がここでは、「自分は絶望していない」と思い込んでいたり、そう語る人の「嘘」に挑んでいるからでしょう。

3 絶望は「精神の規定」である

ここからあと、キルケゴールは、「通俗的考察」の皮相さをえんえんと語り続けるのですが、この部分の解説はすべてカットします。読み物としては面白く、キルケゴールの才気がほとばしり、まさにこういう箇所がひんぱんに挟まれているからこそ、この書は魅力的なのですが、いちいち解説する必要はないでしょう。

また、この通俗的な考察は、絶望というものをろくろく知ってはいない。この通俗的な考察は、多くのことを見逃しているが、わけても、次の点をすっかり見逃している（ここでは次のただ一点だけしか挙げないけれども、この一点がほんとうに理解されたなら，それだけでも幾千も幾千もの人が、いな幾百万もの人が、絶望の規定にはいることになる）、すなわち、この考察は、絶望していないということ、絶望していることを意識していないということ、それこそが絶望の一つの形態にほかならないことを、見逃がしているのである。ひとりの人間が病気であるかないかをきめる場合にときおり起こるのと同じようなことが、絶望を理解するに当たって、はるかに深い意味で、通俗的な考察に起こるのである――はるかに深い意味で、というわけは、通俗的な考察は、精神が何であるかについての理解を（この理解なくしては、人は絶望を理解することもできないのだ）、病気や健康についてよりもはるかにわずかしかもっていないからである。普通には、自分で病気だと言わない人は健康であり、ましてや、自分で健康だという人は健康であると思われている。ところが、医者は病気をそれとは違ったふうに考える。なぜであろうか？　医者は、健康であるということがどういうことであるかについて、はっきりした進んだ観念をもっていて、それに従って人間の状態を吟味するからである。医者は、単に妄想にすぎない病があるように、単なる妄想にすぎない健康もあることを知っている。そこで医者は、患者が健康だと妄想している場合には、まず、病気を顕わにするように手段を講ずるのである。一般に医者は、医者（その道の専門家）である以上、自分の容態について述べる患者自身の供述を無条件で信用することはしない。自分は健康であるとか病気であるとか、自分はどんなに悩んでいるとかと、自分はどんなに悩んでいるとかと、めいめいの患者が自分の容態について語ることがことごとく無条件に信用されるようなことがあるとして、それで医者のつもりでいるとしたら、それはうぬぼれというものであろう。なぜかというに、医者というものは、ただ薬の処方をするだけが能なのではなく、何よりもまず、病気を診断すべきものであり、したがってまた、何よりもまず、自分で病気のつもりでいる病人がほんとうに病気なのかどうか、あるいは、自分で健康なつもりでいる健康者が、もしかしたら、ほんとうに病気なのではないかどうか、ということを診断すべきものだからである。心理学者の絶望に対する関係もそれと同じことである。心理学者は、絶望が何であるかを知っている。彼は絶望というものを熟知している、それだから、自分は絶望していないとか、自分は絶望しているとかという当人の供述では満足しない。すなわち、自分は絶望しているという人々が或る意味では必ずしも絶望しているわけではないことが注意されなければならない。

（四六―四七頁）

4　絶望をよそおう

このあたりから、われわれはキルケゴール独特の難しさに「揺さぶられ」る。それは、事柄自体が難しいというのではなく、キルケゴールの書き方に独特の癖があって、深い洞察を示しながらそれほど論理的に整合的なわけではなく、こういう癖に慣れないとどうも読み解けないという難しさなのです。

彼の技法は――彼が不倶戴天の敵とみなしている――ヘーゲルの弁証法に全面的に依存しているのですが、ヘーゲルの場合きわめて統一がとれているのに、キルケゴールはそうではない。それは、大体次のように言えます。

① 弁証法のテーゼ（正）とアンチテーゼ（反）は、ヘーゲルのように自然に高まってジンテーゼ（合）にはいたらない。それは、同じ事柄の互いに矛盾する側面という領域に留まっている。

② よって、テーゼとアンチテーゼとの対立は「イロニー（Ironie）」の色彩を帯びることになる（「イロニー」については本書一九―二〇頁を参照）。

③ 言いかえれば、テーゼとアンチテーゼの記述の仕方が、論理的ではなく、きわめて情感的・文学的――この意味は後に具体例でわかります――に書かれている。

④ その底には、いつも「信仰」の問題、すなわち、神に反抗することがすなわち神に絡めとられている――神を信じている――、という人間実存の問題が隠されている。

以上のことは、以下具体例に則して示していこうと思います。

人は絶望をよそおうことだってありうるし、また、思い違いをして、精神の規定である絶望を、不機嫌や傷心といったような、絶望とまではならずに過ぎ去ってゆくさまざまな一時的な気分と取り違えることもありうるのである。しかしながら、心理学者なら，むろん、それらの気分もまた絶望の諸形態であることを見てとる。
（四七―四八頁）

ここは、さらっと読めば、「絶望をよそおう狡さ」と解釈でき、自分でも半ば無意識のうちに、状況を見計らって絶望の振りをすることがある。しかし、「ああ、そういうことか」と片付けてはならない。

「よそおう」というドイツ語は“affektieren”であって、まさに「真実でないのに、その振りをすること」でいいのですが、問題は「人（われわれ）」が、大部分の場合、この「真実」を見抜いていないということです。

ですから、“affektieren”には「わざと」というニュアンスが付きまといますが、この場合はそうではない。真剣でまじめ一徹な「よそおい」に対しては、どんな精神分析医にも解明できないこともあり、この意味で、この「よそおい」はサルトルの自己欺瞞に似ている。

次に「精神の規定」とは、キルケゴールの場合独特の重みをもっていて、この書の本文冒頭の「人間は精神である。……精神とは自己である。……自己とは、ひとつの関係、その関係それ自身に関係する関係である」というあの悪文（?）を想い出さなければならない。すなわち、その要は、この関係は神によって措定されたものであって、その限りこうした「自己」の構造それ自身のうちに「絶望」、すなわち「死にいたる病」の根源は潜み、そして「よそおい」もそれに根源的につきまとい、よってほかの病とはまったく異なる、ということ。

こうして、これまでの論述のすべてを踏まえて「よそおい」という概念を捉え直さねばならない。それは、精神の規定、すなわち「自己」の根幹を形成する「絶望」を「不機嫌や傷心といったような、絶望とまでにはならずに過ぎ去ってゆくさまざまな一次的な気分と取り違える」ことです。

ここまではいいのですが、この次の文章に、さきほど強調したキルケゴール独特の難しさが現われている。つまり、ここまで明晰に語っておきながら、彼は次に「しかしながら、心理学者なら，むろん、それらの気分もまた絶望の諸形態であることを見てとる」と言うのです。心理学者とは、前に（本書一四頁）注意したように現代の用法とは異なり、人間心理を洞察する能力を具えている者というほどの意味ですが、こう自覚したうえで、この文章の意味がわかりましょうか？

まさに、この文章こそ、私が先に「テーゼとアンチテーゼの記述の仕方が、論理的ではなく、きわめて情感的・文学的に書かれている」と言ったことの代表例です。すなわち、もっと精緻に言葉を尽くすべきなのに、彼はぽんと別の視点（アンチテーゼ？）の側に飛躍してしまう。

往々にして、われわれは「絶望」を「不機嫌や傷心」と取り違えるのですが、それは単なる取り違えではなくて、まさにそう取り違えてしまうことのうちに、「不機嫌や傷心」もまた絶望とは対立的な心理状態なのではなく、まさに「絶望の諸形態」であることが示されているということ。

すなわち、ここにいたって「不機嫌や傷心」は絶望の諸形態なのですから、単なる「絶望」との「取り違え」ではないことが判明するというわけです。キルケゴールは長々と、「人」は「不機嫌や傷心」は「絶望」を取り違えていると言いながら、その「人」のうちの「心理学者」は「不機嫌や傷心」を

「絶望の諸段階であることを見てとる」と言っている。

これをヘーゲル的な弁証法で語り直すと、われわれは低い段階では、「不機嫌や傷心」を「絶望」と取り違えるのですが、より高い段階では、それを否定して「不機嫌や傷心」を「絶望の諸段階である」と見てとる、となるでしょう。

こう書いてくれればいいのに、キルケゴールは先のような書き方をする。その理由を探るとして、たぶん、彼はまずさんざんAと言っておいて、突如~A（Aではない）と語ることによる効果を狙っているのでしょう。すなわち、まさに、イロニーの効果であって、ここで「わかる人」と「わからない人」とを分別し、「わかる人」だけを連れて行き、「わからない人」を置き去りにするというわけです。

さて、以上、長々と一つの箇所を解説しましたが、これさえわかれば、あとはすべて同じ論法の繰り返しだからなのです（ですから、これが正確にわからないと、最後まで正確にはわからない）。

> 彼はもちろんそれがよそおいであることをよく知っている――しかしこのよそおいこそ絶望なのである。彼はもちろんこの不機嫌その他の気分がたいした意味をもっていないことをよく知っている――しかし、それがたいした意味をもっていないし、また、たいした意味をもつにいたらないであろうということこそ、絶望にほかならないのである。（四八頁）

このあたりが、先に「情感的・文学的」と言った典型例であって、キルケゴールは精緻な理論的説明をしないで、その代わりに、読者の情感に訴えるような書き方をする。言いかえれば、彼はわれわれ人間の心理的動きを通して弁証法的運動に照明を当てようとするのです。

人は「不機嫌その他の気分がたいした意味をもっていないことをよく知っている」のであって、まさにこうした態度こそが、彼が「絶望」していることを示している。このあたりは、ハイデガーの「空話（Gerede）」そのものだと思いました。われわれは、日常的には「もう、死んだかと思った」とか、「死んだら、お供えしてくれよ」とか言って、「死」が「たいした意味ももっていない」かのように言葉を交わす。しかし、ハイデガーによれば、まさにこうした口ぶり（空話）こそ、死から目を背け（absehen）、死を直視することを怖れる態度（絶望）を示しているのです。

5　絶望は弁証法的である

ここで――やっと――段落が変わります。

さらに通俗的な考察が見逃がしているのは、絶望が、病に比べられた場合、普通に病と呼ばれるものとは違った仕方で弁証法的であるということである。それはつまり絶望が精神の病であるからである。そして、この弁証法的なものが、もし正しく理解されたならば、ふたたび幾千の人々を絶望の規定の下に加えることになる。（四八頁）

ここで、はじめて「弁証法」という言葉が出てくる。これに対立する言葉は「普通の考察」（四五頁）、ないし「通俗的な考察」（四六、四八頁）です。ここで、「普通に」と訳されたドイツ語は“allgemein”であってほとんど「通俗的」に近い意味なので、ともに、先の「精神」や「自己」という規定を理解していない段階の考察とみなしていいでしょう。

こうして、「この弁証法的なものが、もし正しく理解されたならば」、自分は「絶望していない」と嘯《うそぶ》く人も含めて、ほとんどの人は絶望していることになるのです。なお、次の「おもうに……」から数行にわたっては、あまりにも簡明なので、引用だけして解説は省きます。

> おもうに、ひとりの医者が、或る一定の時には、或る人が健康であると確信していた——が、その人が、あとになって病気になる、とした場合、この人がその当時は健康であったと医者が信じたのは正しいし、またそのひとがいま病気である、ということも正しい。絶望の場合にはわけが違う。絶望が表われるやいなや、その人はそれまで絶望していたということが明らかになるのである。この意味において、絶望していたがゆえに絶望から救われたという人を別にして、そうでない人間については、いかなる瞬間にも、絶望しているとかいないとか断定するわけにはゆかない。なぜなら、その人を絶望にいたらしめるようなものが表われるやいなや、その同じ瞬間に、彼が過去の全生涯を通じて絶望していたということが、顕わになるのだからである。これに反して、或る人が熱に冒されるとしても、そこでいま、彼がその過去の全生涯を通じて熱に冒されていたことが顕わになるのだとはけっして言えない。ところが絶望は、精神の一つの規定であって、永遠なものに関係しており、それゆえに、その弁証法のうちに永遠なものを何ほどか含んでいるのである。
>
> （四八—四九頁）

ここで、他の病とは異なる「死にいたる病」である「絶望」のあらたな特質が論じられている。それは、「絶望」の時間性とでも言えるものであって、この特殊な病は、他の病のように、その前はかかっていないあるとき病気にかかり、一定の時間その病が続き、その後に治る、といったものではない。ある時間をとって、「絶望しているとかいないとかと断定するわけにはいかない」のです。なぜなら、「その人を絶望にいたらしめるようなものが表われるやいなや、その同じ瞬間に、彼が過去の全生涯を通じて絶望していたということが、顕わになる」からです。

ここも不親切ですが、人間は「自己」である限り常に潜在的にこの病にかかっていて、死にいたる病すなわち絶望の症状を自覚するときは、ただそれが顕在化しただけだということです。そして、その顕在化をもって、じつは「自己が精神である」限り、言いかえれば「永遠なものに関しており、それゆえに、その弁証法的のうちに永遠なものを何ほどか含んでいる」限り、ずっと「死にいたる病」にかかっていて、これからも信仰への跳躍なしには治ることはないことを自覚するのです。

絶望は何かの病気よりはるかに弁証法的であるばかりではなく、絶望に関するかぎり、あらゆる徴候が弁証法的であり、それがために、皮相な考察は、絶望が現存しているかいないかを決定するにあたって、とかく誤りがちである。すなわち、絶望していないということは、かえって、絶望していることを意味する場合がありうるし、また、絶望していることから救われていることを意味することもありうるのである。（四九頁）

この場合、「弁証法的」には別段深い意味はなく、ただ、「絶望していないということ」には、二つの場合があり、一つは、完全に「絶望していることから救われている」場合であり——この書では、キルケゴールは理念的に設定するだけ——、もう一つは、やはり「絶望している」場合であり、ただ自分が「絶望していることに気づいていない」場合です——これをキルケゴールはこの書で抉るように分析する。前者が最も高い段階であり、後者が最も低い段階であるのに、表面的には同じように「絶望していない」と言えるから、弁証法的だと言ったのでしょう。

絶望していないということは、病んでいないということとは少し違う。なぜかというに、病んでいないということは、病んでいることではとうていありえないが、絶望していないということは、それこそ絶望していることでありうるからである。絶望の場合は、病気の場合と違って、気分のすぐれないことがただちに病気であるとは言えない。けっしてそうではない。気分のすぐれないことがまた弁証法的なのである。こういう気分のすぐれなさをかつて感じたことがない人というのは、それこそまさに絶望していることなのだ。

（四九―五〇頁）

もう、ここまでくれば、キルケゴールの語り方のツボを押さえたので、彼がどんなに情熱的に絶望が他の病とは違うかを語っても驚かないし、そういうことかとわかる。そして、あえていえば、少し退屈にさえなる。

この引用箇所などはそんな感じになるところですが、そのうえで我慢して（？）見てみると、ここでキルケゴールはじつはこの文章をもって、それが示す自然な——表面的な——意味からずれたことを言いたいようです。

たしかに、「絶望の場合は、病気の場合とは違って、気分のすぐれないことがただちに病気であるとは言えない」のですが、——ここが重要なところですが——その後、「気分がすぐれなくても病気ではない」と続くのではなく、この可能性、すなわち絶望から完全に解放されても、なお気分が悪い場合は、キルケゴールの視野にない、ひと捻りして「気分がすぐれなくなくても（すなわち気分がすぐれていても）、病気であると言える」ということが潜在的に語られていると解釈する。

こう読み込むことによって、次の「気分のすぐれなさをかつて感じたことがない人というのは、それこそまさに絶望していることなのだ」にうまくつながります。

その後も同じ主張の繰り返しですから、一語一語わかるのではないか、と思います。

いま述べたことの意味するところは、精神として考察される場合（絶望について語ろうと思うなら、人間を精神の規定のもとに考察するほかはない）、人間の状態はいつも危機にあるということであり、その立言の根拠もここにある。病気に関しては、危機ということが言われるが、健康に関しては言われない。なぜ言われないのであろうか？ それは、肉体的な健康は直接的な規定であり、これは病気の状態においてはじめて弁証法的となり、そこで危機ということが言われるにいたるのだからである。（五〇頁）

ここに登場する新しい概念は「危機（Krisis）」であり、訳注〔桝田注（44）〕にもあるようにもともとギリシャ語の“krino”（分ける）に由来し、境界設定を意味する。病気の場合は、死と境を接する状態であって、英語で“critical Illness”と言えば「危篤」という意味です。

もう一つの概念は「直接性」であって、ヘーゲル弁証法に由来する概念なのですが、これが意外に初心者には難しいでしょう。否定によって媒介されていないこと、端的に——即自的に——あってかつよいこと、目的に適っていること、と言えばいいでしょうか。ここでは、「肉体的な健康」は端的に生命体の目的にかなっているという意味で、よいことであるゆえに「直接性」なのです。

そして、その直接性としての健康が害され、さらに死にいたるのが病気なのですから、病気は健康が不健康さらには死と境を接することであり、危機なのです。

しかしながら、精神的には、すなわち人間が精神として考察される場合には、健康も病気もともに危機的である、精神の直接的な健康などというものは存在しないのである。（五〇頁）

絶望の弁証法においては、より危機的であるほうが、より「救い＝魂の死を免れること」に近いのです。このあたり、親鸞にも似ていて、危機を感じていない者、自分は救われると安心しきっている者（善人）は救いようがないけれど、危機を猛烈に感じている者、自分は救われないと思い込んでいる者（悪人）こそ救いに近い、という宗教にお定まりの筋書きがあるとも言えましょう。

ここを対話のための課題にしましょう。キルケゴールの議論の骨格はもう固定しているので、それを変える必要はなく、ただそれをこの箇所の文章にそって、正確に読み解いてください。易しいようでいて、細部にわたって正確に解読するのは意外に難しいかもしれません。

キルケゴールは、「死にいたる病」が肉体の病といかに異なっているかをこれまでずっと論じてきたわけですが、人間が精神として考察される場合には、すなわち自分の内なる「永遠なもの（das Ewige）」を無視できない限り、もはや普通の病において健康であるようには、「死にいたる病」において健康であることはできない、と言います。そして、このことは、人間が、この独特の病すなわち絶望を自覚していても自覚していなくても成り立つ。

ここまではしかし、事柄の半分であって、「健康も病気もともに危機的である」という箇所を読み落としてはならない。ここで想い起こさねばならないのは、「死」には肉体の死と魂の死との二つがあり、「死にいたる病」の「死」とは後者だということです。

そして、「危機（Krisis）」とは限界状態なのですが、普通の病――健康ではないこと――が肉体の死との限界状態であるのに対して、「死にいたる病」は魂の死――神から見捨てられること――との限界状態であることをしっかり押さえておかねばなりません。

しかも、その場合、絶望は一枚岩ではなく、「絶望して自己自身であろうと欲しない」という低次元の段階（Bのbのα）から、「絶望して自己自身であろうと欲する」すなわち「神への反抗」（Bのbのβ、目次参照）という高次元の段階まである。そして、まさに後者の最も危機的な状態において、逆転が起こる（かもしれない）……というふうにこの書は進んでいきます。

6 「うら若い女性」の絶望

人間が精神という規定のもとに考察されないで（そして、そのように考察されないならば、絶望について語ることもできはしない）、単に心霊＝肉体的な綜合して考察されるにすぎないならば、健康が直接的な規定であり、心霊あるいは肉体の病がはじめて弁証法的な規定であることとなる。しかしながら、人間が精神として規定されていることを自覚していないということ、これこそまさに絶望にほかならないのである。（五〇頁）

人間が精神であるということは、肉体と霊（魂）との綜合ではないということ（本書二八頁参照）ですから、出だしの文章は、もし人間を肉体と霊（魂）との綜合と考えるなら、「絶望について語ることもできない」。というのは、その場合、肉体の健康も霊（魂）の健康も、直接性であって、弁証法的な規定（否定性）なしに考えられているからです。すなわち、肉体の病と霊（魂）の病にいたって、「はじめて弁証法な規定〔直接性の否定性〕であることになる」のです。

ここからあと、いままでのことと一味違うことが書かれていることを見抜かなければなりません。人間を肉体と霊（魂）との綜合と考えてしまい、精神としてとらえないこと、「これがまさに絶望にほかならない」と言っているのですから。ここにあるのは、絶望をとらえようとしないことが、「絶望的にほかならない」というロジックです。

これは、絶望を自覚していないという単純な状態とは異なるでしょう。その底には、絶望をとらえられないように自分を規定してしまう、というもっと大掛かりな企み（?）があるように思われます。

さて、これを説明する例として、突如「うら若い女性」が出てきて、多くの読者は戸惑うのではないでしょうか。じつは戸惑ってもらいたいのですが。


人間的に言えば、あらゆるもののなかでもっとも美しいもの、もっとも愛らしいものでさえが、すなわち、平和と調和と喜びそのものにほかならぬうら若い女性でさえが、やはり絶望なのである。すなわち、これは幸福なのであるが、しかし幸福は精神の規定ではなく、幸福のいちばん秘密な隠れ家の深い深い内部に、その奥底に、そこには、絶望にほかならぬ不安も住んでいるのである。絶望はそういう奥深いところに好んでとどまりたがる、幸福の奥底、これこそ絶望にとっていちばん好ましい、いちばん選りぬきの住み家だからである。（五〇―五一頁）

この箇所は、キルケゴールの「女好き」なところがよく現われていて、カントやニーチェでしたら、けっしてこうは言わないでしょう。しかし、それだけではない。「あらゆるもののなかでもっとも美しいもの、もっとも愛らしいものでさえが、すなわち、平和と調和と喜びそのものにほかならぬうら若い女性」という表現は、「うら若い女性」をもち上げすぎている（?）と感じませんか?

普通生きていれば、「うら若い女性」のなかにもこういう「平和と調和と喜びそのもの」である人ばかりでないことは、誰でも知っているからです。そう、ここに登場してくる「うら若い女性」には特定のモデルがあり、それはレギーネなのです。

前にも触れましたが、キルケゴールは、レギーネをその（暗黙の）婚約者から奪い取り、自分を愛するように仕向け――こういう才能はあったのです――、そして彼女に結婚を申し込んだあげく、一年後に破棄した。それればかりではなく、さらに自分がいかにドン・ファンであり、相手の男がいかにアホかということを綿々と書いて公刊した（『誘惑者の日記』）。この不自然な箇所には、このなんともスキャンダラスな「事件」が絡んでいるのです。

この書（いや、キルケゴールの全著作）は、この「事件」を読み込まねば、うまく解読できないでしょう。彼は、結婚後も彼女につきまとい、待ち伏せし、手紙を出し……と現代日本でしたら、ストーカー規制法によって捕まりかねない振舞いに出るのですが、あるところで、自分のすべての著作はレギーネに宛てて書いた、とまで言っています。

しかし、ちょっと大げさだという印象をかき消せば、この箇所はレギーネを入れなくても、いちおう読めます。とにかく「うら若い女性」が外見的にはどんなに幸福そうに見えても、「幸福のいちばん秘密な隠れ家の深い深い内部に、その奥底に、そこには、絶望にほかならぬ不安も住んでいる」のです。

7　直接性の不安

そして、このあと、急に話は深刻になる。

すべての直接性は、自分ではどれほど安心と平安をえているつもりでいても、実は不安であり、だからまた当然、たいていは、無に対する不安である。

（五一頁）

キルケゴールの癖ですが、概念を人間のように扱うことが多々あります。ここも、「直接性〔の段階にいる人間〕は、自分ではどれほど安心と平安をえているつもりでいても」というふうに解さねばならない。そして、ここに「無に対する不安」という重要な概念が出てきます。

「不安（Angst）」については、すでに語りましたが（本書四四頁）、ここでは、先の「事件」を重ね合わせて、「不安」を「うら若い女性」（レギーネ）が突如自分の前に現われた若い男（キルケゴール）に情愛（欲望）を覚える場合の「不安」というふうに限定すれば、よくわかります――そうしないとわからない。

サルトルは不安を、自分自身が次の瞬間に何をするかわからない――例えば、断崖絶壁の隘路を歩いていて、次の瞬間に自分が谷底に身を投げるのではないか――という心理状態として説明していますが、なかなかうまい説明です。もともとはアダムの不安であって、アダムは神から「あの知恵の木の実だけは食べてはならない」という命令を聞いたとき、自分がこの禁止を破るのではないかという不安に襲われたのです。

「うら若い女性」（レギーネ）も、それまで「直接性」の内で幸福に包まれていたのですが、一人の青年（キルケゴール）の出現によって不安を覚える。それはこれまで経験したことのない不安であり、自分が次の瞬間に何をするかわからないという不安であって、まさに全身が「無に対する不安」によって圧倒されたのです。

直接性を不安におとしいれるには、この上なく恐ろしいことをこの上なくものすごく述べてみせるよりも、狡知《こうち》を用いて、ほとんどさりげなく、しかし反省の確かな打算による狙いをつけて、何か漠然とした事柄について、舌足らずのことばを吐き出すようにするほうが、効果的である。ほんとに、狡知を用いて、わたしの言おうとしていることは、あなた自身によくわかっているはずだ、というふうに持ちかければ、直接性はもっとも不安におちいるのである。　（五一頁）

このあたりから、「直接性」はさらに人間化されてくる。そのうえで読んでみると、キルケゴールの一八番《おはこ》なのですが、「直接性を不安におとしいれる」という人間の心理の動きがたくみに描かれている。これも、もちろんレギーネに対するキルケゴールという誘惑者の振舞いです。はっきりとは言わずに、ただ、「わたしの言おうとしていることは、あなた自身によくわかっているはずだ」とその耳に囁くと、「うら若い女性」は、不安になるというのです。

このあたりを詮索すると切りがないのですが、ふたたびアダムの例を思い返してみると、アダムに禁断の木の実を食べるようにそそのかしたのはエヴァであって、アダムがそれに従って木の実を食べた結果、エヴァに対して欲望を覚えたのです。

つまり、アダムではなくて、むしろエヴァが誘惑者なのであって、このお話しを「うら若い女性」に当てはめると、もともと彼女は男に欲望を覚えているのですから、男が彼女のうちに潜む欲望をさりげなく仄めかすと、彼女は不安になるというわけです。

どうもこの辺りは、キルケゴールのレギーネに対するこだわり（自己正当化）が正面に出てしまって、全体の構成においてバランスを欠き、絶望の話の大筋から逸れている感じがするのも無理はないでしょう。

おもうに、もちろん直接性はそれを知っているわけではない、しかし、反省はその罠《わな》を無から作り上げるときほど確実にその獲物《えもの》を捕えることはないし、また反省は、自分が無である場合ほど、自分自身であることはけっしてないのである。無の反省、すなわち無限な反省に堪えることができるためには、すぐれた反省が、あるいはもっと正確に言えば、大いなる信仰が必要である。このようなわけで、あらゆるもののうちもっとも美しいもの、もっとも愛らしいもの、すなわち、うら若い女性でさえが、やはり絶望でしかなく、幸福でしかないのである。それだから、このような直接性によって一生涯をすりぬけるという幸福に恵まれることもおそらくあるまい。またかりにそうして一生涯をすりぬける幸運に恵まれたとしても、なんの役にも立ちはしない、それは絶望にほかならないのであるから。

（五一―五二頁）

まず、翻訳についてですが、引用六行目の「女性でさえが」という日本語は違和感をもたらす。「女性でさえ」ないし「女性でさえも」とするのが一般的でしょう。

さて、この箇所も、どうしてもレギーネと重ね合わせて読みたくなる。「絶望でしかなく、幸福でしかない」とは、「じつは絶望しているのだが、外見上はどこまでも幸福だ」ということ。レギーネがキルケゴールという青年に出会うことなく、「一生涯をすりぬける幸福に恵まれたとしても」、やはり彼女は精神である限り、絶望しているはずなのですから、そんな表面的な幸福など、「なんの役に立ちはしない」のです。とはいえ、このあたりのロジックは恐ろしく自分勝手だと思いませんか？　自己正当化――サルトルの「自己欺瞞」――の極致のように聞こえます。

ちょっと躊躇しながらではありますが、キルケゴールのエスプリに充ちた書きぶりをさらに学ぶために、この箇所を対話のための課題にしましょう。

対話3

このうち、「すぐれた反省が……」の前までを解読してみましょう。キルケゴールの人間心理に対する桁違いに鋭い洞察が窺えます。解読のヒントの一つは、「直接性」と「反省」は真逆の概念であり、前者は——絶望あるいは不安の——無自覚状態、後者は自覚状態だということです。

キルケゴールの「女たらし（ドン・ファン）」である側面が露骨に現われている。「うら若い女性」とか「罠」とか「獲物」などが出てくれば、女性を巧みな言葉で誘惑してものにする男の話に決まっています。このあたり、まさにキルケゴールの実体験に基づいた文章が光彩を放っている——ニーチェには絶対に書けない文章です！　ドン・ファン（キルケゴール）の「罠」に捕獲されない若い女性はまずいないのであり……、若い女性は、みな無垢であればあるほど、すなわち自分の内にうごめく欲望（性欲）に気づかなければ気づかないほど、ドン・ファンの甘い言葉に屈服してしまう。

「反省」とは、ドン・ファンの言葉によって自分の内で動き出した反省です。初めはなんともなかったのに、ドン・ファンから「あなたは、ぼくを愛しているのですよ」と遠回しに仄めかされたとたん、そうだ、自分は彼を愛しているのではないか、と反省してしまうということ。

「反省はその罠を無から作り上げるときほど確実にその獲物を捕えることはないし」とは、こうしたやり方で無垢な若い女性に罠を仕掛けるのが最も効果的だということでしょう。すべて、自分自身で無から作り上げた幻想なのですから、確固として崩れることがない。まさに「〔こういう〕反省は、自分が無である場合ほど、自分自身であることはけっしてないのである」。

ドン・ファンの甘い言葉が、彼女に反省を強いるのです。彼女はその言葉によってはじめて恋に落ち、無垢（無）であればあるほど、ドン・ファンの何気ない言葉から、自分の恋心を作り上げてしまうのです。

初めから能動的に彼女が彼を愛している場合はこうはいかない。その場合は、実質に基づいているから、自分を点検し相手を点検して、次第に冷静な分析に移ることもありうる。しかし、何がなんだかわからなくて「とにかく」彼を愛している場合ほど始末におえないものはない。

キルケゴールは真相を突いていて、一般に相手を知らなければ知らないほど、相手に対する愛憎は「純粋なもの」になります。パリを書物と写真だけから知っていた戦前のほとんどの日本人にとって、パリはまさに「花の都」でしたし、ほとんどの現代日本人は、ユダヤ人や被差別部落出身者がどんな外見でどんな生活をしているか、ほとんど知らないがゆえに、「ユダヤ人」とか「被差別部落出身者」という概念だけが肥大して、差別は助長されるのです。

さて、キルケゴールに戻ると、最後は付けたし。「〔こうした〕無の反省、すなわち無限な反省に堪えること」はほとんど不可能なのですが、例外的に「すぐれた反省が、或いはもっと正確に言えば、大いなる信仰が必要である」というわけです。

この部分の解読ができないのには、キルケゴールのワルを見ようとしないことがあるようです。彼は、掛け値なしの「誘惑者」であり、かつ掛け値なしのキリスト者なのです。これから頻出しますが――とくに絶望の最高段階である「反抗」のところで――、神がいるとしても自分だけは救ってはならない、こんな自分を救うような神は信じることができない、という「弁証法的叫び(?)」は、単なるポーズではなく、キルケゴールの心からの叫びであって、だから、この書は光を放っているのです。

つまり、絶望は、まったく弁証法的なものなのであるから、病ではあるけれども、それにかかったことがないというのは最大の不幸であり――それにかかるのが真の神の恵みであるといえるような病なのである。もっとも、もし人がこの病から癒されることを欲しないなら、この病はなによりも危険な病となることは言うまでもない。ふつうの病気の場合なら、病から癒されるのが幸せだと言えるだけであり、病自身は不幸なのである。（五二頁）

この部分の解説は必要ないほどなのですが、順番を変えてわかりやすくすると、「ふつうの病気の場合なら、病自身は不幸なのであり、病から癒されるのが幸せだと言えるだけ」なのですが、絶望の場合は、「それにかかったことがないというのは最大の不幸であり――それにかかるのが真の神の恵みである〔幸福である〕と言えるような病なのである」というわけです。

しかし、たとえそうだとしても、レギーネからすれば、キルケゴールにはこう言われたくはないでしょう。

なお、「もし人がこの病から癒されることを欲しないなら、この病はなによりも危険な病となることは言うまでもない」も注意して読む必要があり、「この病から癒されることを欲しない」とは、先に言った「神への反抗」の段階であって、たしかに「なによりも危険な病」なのですが、この危険な病こそ救いに最も近い段階だということを忘れてはなりません。

最後に再び、翻訳への苦情。訳者は“Krankheit”を「(死にいたる)病」と「(普通の)病気」というように、訳し分けているようですが、そうでもなく、両者の共通のものも「病」と読んでいるようです。このさい、すべて「病」でいいように思いますが。

8　絶望は普遍的である

さて、——じつは「キリスト者である限り」という限定が入りますが——「絶望はまったく普遍的なもの」であり、それは当人の自覚とは関係がないということを、キルケゴールは言い続ける。

してみると、絶望を稀有のものと思っている通俗的な考察が正しいどころか、逆に、絶望はまったく普遍的なものなのである。また、自分が絶望していると思ったり感じたりしない者は誰でも実際にも絶望していないのだと考え、自分が絶望していると自分で言うものだけが絶望しているのだと考える通俗的考察が正しいなどということはありえないことである。

(五二頁)

しかし、やはり絶望を自覚し、素直にそう語る者のほうが、そうでない者よりちょっとだけ上を行っている。

むしろその逆に、自分は絶望していると、なんのよそおいもなく言う者のほうが、絶望していると人からも見られず自分でもそう思わないすべての者よりも、少しばかり、弁証法的に一歩だけ、治癒に近づいているのである。

（五二頁）

この箇所では、「なんのよそおいもなく」が重要でしょう。そのドイツ語は“Ohne Affektiertheit”であり、ここでキルケゴールは、「よそおっている」絶望、演技的絶望、わざとらしい絶望を切り捨てる。これも、じつに多い。絶望のふりをして、他人からの同情を求めようとするのですが、ラ・ロシュフコーは、こういう人はじつは「幸福そうな人を苦しめたい」のだと抉《えぐ》るように分析している。まさにその通りでしょう。

また、「治癒」とは真の信仰ですが、それに「少しばかり、弁証法的に一歩だけ」という限定をつけていることも読み落としてはならない。まず、自覚しているか否かは本質的に重要ではないという大原則があり、そのもとであえて「よりよい状態」を語っているだけなのですが、「弁証法的に（dialektisch）」という言葉が出てきたら、まずは「矛盾的だが」、あるいは「逆説的だが」と訳してみると、八割方はわかります。普通は絶望していることを告白している者のほうが、そうでない者より信仰から離れていると考えられているが、それとは矛盾するようだが……と続くのです。

なぜか？　大前提を忘れてはなりません。信仰が篤ければ、神の創造した世界にも自分にも他人にも絶望するわけがないからです。

けれども心理学者もきっとわたしの言い分を認めてくれると思うが、たいていの人間が、自分が精神として規定されていることを十分に自覚することなしに生きているということこそ普通のことなのである——そこから、いわゆる安心、生活に対する満足、等々が出てくるわけだが、これこそ絶望にほかならない。

（五二頁）

まず「心理学者」とは前にも書きましたが（本書一四頁）、「心理学の研究者」という（現代的）意味ではなく、人間の心理現象をよくつかめるキルケゴールのような人のことです。それだけに注意すれば、あとは問題ないでしょう。こういう箇所は大体の人が読めると思います。なぜなら、現代日本の価値観に適合しているから。自分はまったく絶望なんてしていないと思っている人って、現代日本では賞賛されるどころか、「真性のアホだ」と思われていますよね。

これに反して、自分は絶望しているという人は、ふつう、自分が精神であることを自覚せずにはいられないほど深刻な性質の持ち主であるか、それとも、苦しい出来事や怖るべき決断に迫られて、自分を精神として自覚するにいたった人々であるか、そのいずれかである——つまり、前者か後者かどちらかである。ほんとうに絶望していないという人は、きわめて稀でしかないからである。

（五二—五三頁）

ここも難しくない。みな「精神」である限り——ほんとうは——絶望しているのですが、それが現われる人には二種類しかない。一つは、生まれつき「自分が精神であることを自覚せずにはいられないほど深刻な性質の持ち主」であって、彼（女）はたとえこの世のものがすべて与えられていたとしても、絶望を自覚している。哲学を志す人のセンスに近いかもしれない。彼（女）は、「死」をはじめとするこの世の絶望的不可解さ・理不尽さを無視できないのであり、ほかの何をしてもこのことが気がかりで落ち着かないのです。

そこまではいいのですが、最後の「ほんとうに絶望していないという人は、きわめて稀でしかない」という意味を取り違えてはならない。演技的にせよ、鈍感にせよ、自己欺瞞にせよ、人間が精神である限り、みな絶望しているのです。しかし、唯一の例外がある。それは真の意味で信仰している人、真のキリスト者です。

この構図は、現代日本人にはなかなかわからないと思います。これまでも述べましたが、キルケゴールをハイデガー、サルトル、カミュの無神論者の目線で読んでしまい、真剣に絶望する生き方こそ真の生き方だ、という方向に走ってしまいがちだからです。しかし、真のキリスト者キルケゴール（アンティ・クリマクス）にとって、大原則として、神が創造した世界や自分に「絶望すること」は悪いこと、非難すべきことであり、「絶望しない」ことこそよいこと、賞賛すべきことなのです。

これまでは、「絶望していない」真のキリスト者はきわめて稀である――あるいは皆無かもしれない？――から、それを論じなかっただけであって、これこそ「よい」ということは揺るがない。いままでは、いわば「悪い」状態のうち、「絶望していない」というきわめて悪い状態と、「絶望を自覚している」というそれより少しだけマシな状態とを比較していただけなのです。

9 「永遠」が問いかけること

ああ、人間の苦しみとか人間の悲惨とかということが、実にいろいろと言われている――わたしはそれを理解しようとつとめ、またそれについて、さまざまなことを身近に知るようにもなった。人生を空費するということも、いろいろと言われている。（五三頁）

このあと、キルケゴールは、絶望がいかに「悪い」ことかをえんえんと語るのですが、教会のお説教のようですから、適宜要点を述べるに留めましょう。

しかし、人生を空費した人間というのは、人生の喜びや人生の悲しみに欺かれてうかうかと日を送り、永遠に、断乎として、自分を精神として、自己として自覚するにいたらずにおわった人だけのことである。あるいは、結局同じことであるが、神が現にいましまし、そして「彼」が、彼自身が、彼の自己が、その神の前に現にあるということに、絶望をとおして以外にはけっして得られることのないこの無限性の獲得に、けっして気づかなかった人、もっとも深い意味で、それについて感銘を受けることがけっしてなかった人だけのことである。しかも、ああ、かくも多くの人々が、あらゆる思想のうちでもっとも祝福されたこの思想を詐取されてかくもうかうかと日を過ごしているというこの悲惨、そのほかのことなら何にでも、自分でも夢中になり、人間大衆が相手なら彼らをもそれに夢中にさせ、人生の芝居の協力者に仕立てておきながら、この祝福のことだけは彼らにけっして気づかせないというこの悲惨、彼らを離ればなれに切り離して、ひとりひとりの者に最高のものを、そのために生きるに値する唯一のものを、永遠にそのなかに生きるに足る唯一のものを、かちえさせるかわりに、彼らを衆の堆積と化し、――そして嘆くというこの悲惨、こういう悲惨が現に存在しているということについて、わたしは泣いても泣いても泣き切れない思いがするのだ！　ああ、それに、わたしの考えるところでは、あらゆるもののうちもっとも怖るべきこの病と悲惨をさらに怖るべきものたらしめる表現は、それが隠されているということである。それは単に、この病にかかっている者が病を隠そうと思うことができるし、また事実隠すこともできるとか、この病は誰ひとり、誰ひとり発見するものがないようなふうにひそかに人間のうちに住むことができるとか、ということではない。そうでなくて、この病が、それにかかっている当人自身でさえ知らないようなふうに人間のうちに隠れていることができる、ということなのである。

（五三―五四頁）

「人生を空費すること（daß ein Leben verspielt wird）」とはごく普通の意味ですが、キルケゴールの場合は、絶望の最高段階にまでいたって真の信仰を求めることをしない、というに尽きる。このことをしなければ、どんなに豊かな人生を送っても、学問を究めても、すばらしい芸術作品を制作しても、悩み苦しむ多くの人々を救っても、革命をして新しい社会を建設しても、……何の意味もないのです。

このあたりは、きわめて単純ではっきりしていて、キルケゴールの思想はその核心部分にこの単純なキリスト者としてのあり方があり――これが教化的論述であり、これを語るのがアンティ・クリマクスです――、その周囲に、じつに鋭い洞察力を具えた人間観察者が纏《まと》いついている――これが心理学的論述であり、これを語るのがセーレン・キルケゴールです。

そして、普通キリスト者でない読者が――ハイデガーやサルトルを含めて――、感銘を受けるのは後者であって、この部分だけを切り取って、彼は実存哲学者として「復活」したということもすでに述べました。以上を言いかえると、キルケゴールはこの書において、後者の技巧を凝らした叙述に夢中にペンを走らせたのち、ふっと目覚めたかのように、キリスト者としてのごく単純な思想を吐露する。この部分は、饒舌であり熱がこもっているわりに、読み物としては、面白くなく、退屈な坊主の説教口調になっている。こうした口調が、「……わたしは泣いても泣いても泣き切れない思いがするのだ！」（この書五四頁五行）まで続きます。

その次も、このバリエーションですが、「……あらゆるもののうちもっとも怖るべきこの病と悲惨をさらに怖るべきものたらしめる表現は、それが隠されているということである」（五四頁）という点が強調される。なお、「死にいたる病」が「隠されていること」は、われわれが被ることではなく、各自が無自覚的に意図している――サルトルの言葉では「自己欺瞞」の――ことであって、このことがこの病を「さらに怖るべきものたらしめる」のでしょう。そのあと、一七行も続く、じつに長い文章がくる。


ああ、しかし、いつか砂時計が、時間性《このよ》の砂時計がめぐり終わるときがきたら、俗世の喧騒が沈黙し、休む間もない、無益なせわしなさが終わりを告げるときがきたら、きみの周囲にあるすべてのものが永遠のうちにあるかのように静まりかえるときがきたら――そのときには、きみが男であったか女であったか、金持ちであったか貧乏であったか、他人《ひと》の従属者であったか独立人であったか、幸福であったか不幸であったか、また、きみが王位にあって王冠の光輝を帯びていたか、それとも、人目につかぬ賤しい身分としてその日その日の労苦と暑さとを忍んでいたか、きみの名がこの世のつづくかぎり人の記憶に残るものか、事実またこの世のつづいたかぎり記憶に残ってきたか、それともきみは名前もなく、無名人として、数知れぬ大衆にまじっていっしょに駈けずりまわっていたか、またきみを取り巻く栄光はあらゆる人間的な描写を凌駕していたか、それともこの上なく苛酷で不名誉きわまる判決がきみにくだされたか、このようなことにかかわりなく、永遠はきみに向かって、そしてこれらの幾百万、幾千万の人間のひとりひとりに向かって、ただ一つ、次のように尋ねるのだ、きみは絶望して生きてきたかどうか、きみはきみが絶望していたことを知らなかったような絶望の仕方をしていたのか、それとも、きみはこの病を、責めさいなむ秘密として、あたかも罪深い愛の果実をきみの胸のなかに隠すように、きみの心の奥底に隠し持っていたような絶望の仕方をしていたのか、それともまた、きみは、他の人々の恐怖でありながら、実は絶望のうちに荒れ狂っていたというような絶望の仕方をしていたのか、と。

（五四―五五頁）

「永遠（Ewigkeit）」は、かつて出てきた自己のなかの「永遠なもの（das Ewige）」と同じと考えていいようですが、はっきりしません。とにかく、神ではないが神につながっている何かであることは確かなのですが、それが「きみ」に問いかける。ハイデガーの言葉では「良心の叫び声」に当たるかもしれず、先の記号を使うと“ich⇔das Ewige”の全体です。

この後で、キルケゴールは絶望の三形態を挙げていますが、それらの叙述の巧みさに心を奪われてはならない。これらの差異性は基本的な趣旨に影響を及ぼさないでしょう。というのも、そのあとすぐに次の文章がくるからです。

そしてもしそうだとしたら、もしきみが絶望して生きてきたのだとしたら、たとえそのほかの何をきみが手に入れ何を失ったとしても、きみにとっては一切が失われているのだ。（五五頁）

まだ一つの文章の途中ですが、ここまでは意味がはっきりしているので、ここでいったん切りましょう。さてと、ここで多くの読者は頭を抱えるかもしれない。ずっとキルケゴールは絶望の話をしてきて、その低次の段階から高次の段階まで教えてくれた。そして、最高の段階は神への「反抗」であることも、反抗を通じて信仰に入るというメカニズムを加えれば、どうにかわかった——これを解釈Aとしましょう。

しかし、ここでは「もしきみが絶望して生きてきたのだとしたら、……きみにとっては一切が失われているのだ」というように絶望を全否定しているではないか！——これを解釈Bとしましょう。これまでは、絶望そのものはよいものではないが、信仰にいたる必然的な手段としてよいと考えられた。しかし、ここではそういう解釈も崩れてしまう！　まさにここをどう考えるか、それがこの書の解釈のうち最も核心的部分なのです。

ヒントを掲げますと、この書のはじめのほうに「絶望は、この書物全体を通じて、病として理解されていて、薬として理解されてはいない」（一七頁）とあり、「絶望はそれほど弁証法的なのである」（一七頁）と続く。そのあとに、「死は最大の精神的悲惨を表わすことばであるが、しかも救済は、まさに死ぬことに、死んだもののように生きること（absterben）にあるのである」（一七―一八頁）とありました。

この対話のための課題は、かなり高度ですが、以上の解釈Aと解釈Bとを（弁証法的に？）統一するような解釈をしてもらいたい。そのために、途中で切った文章の残りの部分を掲げておきますので、これも加えて、とにかく全体が了解可能になるように解釈してください。

永遠はきみの味方をしはしない、永遠はきみをかつて知らなかったのだ。それならまだしも、もっと恐ろしいことに、永遠は知られているとおりのきみを知っているのだ。永遠はきみをきみの自己もろとも絶望のうちにかたく縛り付けてしまうのだ。（五五頁）

対話4

これは、キルケゴールの思想（哲学）の根幹部分です。

もう一度、課題の論点を整理すると、キルケゴールは、人間は精神である限り絶望するのであるが、絶望にも低次の段階から高次の段階まであり、最高の段階は神への「反抗」であり、この段階が信仰に最も近いと語っている（解釈A）。

しかし、キルケゴールは、「もしきみが絶望して生きてきたのだとしたら、たとえそのほかの何をきみが手に入れ何を失ったとしても、きみにとっては一切が失われているのだ」（五五頁）とも言っている（解釈B）。

この解釈Aと解釈Bとを合わせて、どうにかわかるような地点に立つこと、これが課題です。ヒントとして、三つの文章を挙げ、さらに五五頁からの引用も加えました。

こういう解釈を試みる場合のキーワードは「弁証法」、すなわち（一見）矛盾する段階を経て、高い段階で総合にいたるという方法です。ですから、「絶望」と「信仰」という（表層的に）正反対なものの総合は、「（一見）矛盾する」がゆえに、高い段階で総合にいたる、と理解すれば大枠は準備される。

ここから「絶望」と「信仰」は、互いに対立的に見えて、そのじつ内的に結びついている、としなければならないことがわかる。人間は、「信仰」をもつゆえに「絶望」するのであり、「絶望」するゆえに「信仰」をもつのです。このことは、「絶望しうる」ということは「無限の長所」であり、「（現に）絶望している」ことは「最大の不幸であり悲惨である」（三一頁参照）という弁証法にも呼応している。

われわれは「絶望しうる」ように創造されて――これは人間が決めたことではない――、しかも「（現に）絶望すること」は、絶望を「みずから招き寄せる」ことであり、人間の責任なのです。ということは、絶望しないという可能性は与えられていないのであり、生きるということは可能性を現実化することですから、普通に考えて、理解に苦しむ。すると、すべてはこの「現実化」をどう捉えるかにかかっている。それが絶望の諸段階なのです。

普通の場合は、「病」と「健康」は単純な反対概念――病は健康ではない、健康は病ではない――であり、これに基づいて「薬」は「病」を治して――否定して――「健康」にさせるものです。しかし、「絶望」と「信仰」の場合はそうではない。絶望しうるように創られたということは、信仰しうるように創られたということですから、両者は同じコインの両面なのです。そして、なぜそのように創られたかはわれわれに隠されている。

もう少し、文学的(?)に、すなわち絶望に向き合う人間の目線に落として話を進めると、苛酷な「絶望」状態を超えると、「信仰」が待っているわけではない。よく、世間で「あのときの苦労が私を成長させた」とか言うではありませんか。この場合、苦労を「薬」とみなしています。でも、絶望はそういう「薬」ではないということです。だんだん、見えてこないでしょうか?すなわち、キルケゴールが最も警戒したのは、「自分は真摯に絶望したから、信仰に入れるのだ――あいつらは絶望していないから、いい加減に絶望しているから信仰に入れないのだ」という考えです。

『(新約)聖書』「ルカ伝」のなかの「放蕩息子の帰還」というお話しを知っていますね。父がその財産を二人の息子(兄と弟)に分けたところ、兄はそれをまじめに使い、その上ずっと父のそばにいて世話をしていた。弟はすぐに家から出て放蕩三昧、明日の生活もできなくなって、やっと引きずる足で父のもとに帰り、「貴方の息子の資格はないから、雇い人として置いてくださいい」と言った。すると、思いがけず、父は彼を抱きしめ接吻すると、「さあ、息子が帰ってきたから大宴会をしよう」と言った。これを横目で見ていた兄は不満そうに、「なんで、こいつのために? 私は父上のそばにいて、いつも世話をしていたではありませんか?」と言うと、「お前はずっと私のそばにいたではないか、だが、こいつは私から離れたが、帰ってきたから大歓待するのだ」と答えたのです。

父とは神です。兄は信仰の篤いキリスト者です。そして、弟は絶望に翻弄されているキリスト者、すなわちセーレン・キルケゴールです。まさにキルケゴールは牧師になった兄――実際にいました――とは裏腹に、父に反抗してレギーネをもてあそび、コペンハーゲン社交界の物笑いになり、こんな不謹慎な本まで刊行する「放蕩息子」になった。なんだか、うまく当てはまりすぎるほどです。ここで重要なことは、弟には、「自分は放蕩（絶望）したから父から歓待されるであろう」という気持ちが微塵もなかったということです。すべては父が決めるのです。

さて、この書に戻りますが、キリスト教の外にいると、一つの単純なことを見落とすことがあります。すなわち、どんなに品行方正な生活をしても、教会に熱心に通っても、同様に、どんなに真摯に絶望しても、救われる――父が歓待してくれる――か否かは、その人にはわからないのであり、神（父）自身が決めるということです。

しかし、一つだけ確かなことは、「自分は絶望しているから正しい」と思いこんだ瞬間、その人は救いから遠ざかるということ。それが、先の「永遠〔神〕はきみの味方をしはしない〔思うようには都合よく動かない〕、永遠は〔場合によって〕きみをかつて知らなかった〔として突き放すかもしれない〕のだ」という言葉の意味です。

さらに「永遠〔神〕は知られているとおりのきみ〔きみの内面を含んですべて〕を知っているのだ。永遠〔永遠〕は〔場合によっては〕きみをきみの自己もろとも絶望のうちにかたく縛り付けてしまう〔救済しない〕のだ」ということも、わかるのではないでしょうか？

まさに、このようなことを自覚している人生、すべて神に見通されていると信じながら、それに反抗的に生きること――放蕩息子が父のもとに帰るまで――とは、「まさに死ぬこと、死んだもののように生きること（absterben）」ではないでしょうか？

こうして、「もしきみが絶望して生きてきたのだとしたら、たとえそのほかの何をきみが手に入れ何を失ったとしても、きみにとっては一切が失われている」のですが、それを骨の髄まで知りながら、いわば真摯に絶望し、しかも絶望している自分を微塵も正当化せず、こんな自分が救われるわけはないという「恐れとおののき」のうちに生きること、それがすなわち「救済」につながる――神が抱きとめてくれることがある――というわけです。少し私の「好み」が入っていますが。

「放蕩息子の帰還」のようなお話しは聖書には数限りなくあります。善行を積んで自分は救われると確信している傲慢な人より、悪行を重ねた末に自分は救われないと確信する謙虚な人のほうが救われるというわけで、このあたり、前にも書きましたが、親鸞の「悪人正機説」にきわめて近い。これって、逆接のように見えて、じつは、われわれがごく自然に受け容れていることではないでしょうか――みなさんは、兄ではなく、やはり放蕩息子のほうにシンパシーを覚えてしまうのではないですか？

第三章　意識と絶望1――〔C　この病（絶望）の諸形態〕

〔A　絶望が意識されているかいないかという点を反省せずに考察された場合の絶望。したがってここで綜合の諸契機のみが反省される〕

一　無限性の絶望と有限性の絶望

1　絶望と意識

本章は、第一篇、Aのうちの「C　この病（絶望）の諸形態」（五七頁）の初めからですが、この箇所は、第一篇、Aの「B　絶望の可能性と現実性」（三〇―三五頁）に呼応します。というか、キルケゴールはほぼ同じことを、「絶望の諸形態」――これはだんだんわかってくる――から語りなおしている。

絶望の諸形態は、抽象的には、綜合としての自己が成り立っている諸契機を反省することによって、見いだされるにちがいない。自己は無限性と有限性とから形成されている。しかし、この綜合は一つの関係であり、しかもそれは、派生されたものではあるけれども、それ自身に関係する関係であって、この関係は自由にほかならない。自己とは自由なのである。しかし自由は弁証法的なもので、可能性および必然性という規定をもっている。（五七頁）

ここでは、「絶望の諸形態」を扱うのですが、まず、「抽象的に」とあって、これは、後の「具体的になる」というところ（五八頁の終わりから五行目）に対立している。すなわち、「具体的」が絶望の弁証法的・具体的発展段階を語るのに対して、「抽象的」はその構造のみを俯瞰的に語ること。後に登場するAの標題内の言葉を使えば、「綜合の諸契機のみが反省される」場合です（五八頁、および桝田注（50）を参照）。

ですから、この節Cは、Aの節Bで「抽象的に」語ったことを「具体的」に語りなおすことになる。よって、節Cの初めであるここは、まだ諸段階に分節化されていない総論ですから、Aの節Bと同じことを語ることになるわけです。

こうしたことを了解してはじめて、上の引用箇所の初めの三行ほどは、「人間は精神である」（二七頁以下）に続くまさに抽象的な概念の束と同じことを記述しているのもわかってきます。「この関係は派生されたものである」（二八頁終わりから5行目）とは、何度も図式化したように、人間の自己とは自己自身に関係すること“ich＝ich”ですが、この関係はこの全体を措定する“Ich⇔Ich（das Ewige）……Gott”の派生的な関係だということです。

その後の「この関係は自由にほかならない」という文章に関しては、桝田訳注にありますが、不十分であり、その骨子は、本書の九八頁でも触れましたが、「絶望者は、絶望している瞬間ごとに、絶望をみずから招き寄せつつある」（三四頁）というところにある。よって、「そこには責任がある」（三三頁）のです。

以上を詳細に解説しだすと、かなりの分量になってしまうので、以上でわからない人は、そのときの解説（本書六六―六七頁）を再読してください。次に進みます。

けれども、なかんずく絶望は、意識という規定のもとに考察されなければならない。絶望が意識されているかいないかということが、絶望と絶望とのあいだの質的な差異なのである。あらゆる絶望は、もちろん、その概念の上から言えば、意識されているものである。しかし、それだからといって、絶望を宿す人が、概念の上から言って絶望していると呼ばれねばならない人が、自分が絶望していることを意識しているということにはならない。そういう意味で、意識ということが決定的な意義をもっている。（五七頁）

ここで、「意識」というファクターが導入され、絶望は「意識」というファクターを入れずに考察する場合（A）と、入れて考察する場合（B）とに区分されることが予示されている。初心者は、その後の「概念」という言葉に躓くかもしれない。これもヘーゲルなのですが、いろいろな局面があるのですが、この文脈では「客観的な意味」さらには「本来の意味」とでもしておきましょうか。「概念の上から言って〔客観的・本来的意味で〕絶望していると呼ばれねばならない人が、〔主観的には〕自分が絶望していることを意識しているということにはならない」のです。

これは哲学的にはいたるところに見られる論法であって、伝統的には逆の「善」の場合によく使われ、われわれ各人は「何をすべきか、経験的・事実的に意識していなくても、本来的には知っている」というかたちで登場してくる。例えば、カントの「道徳法則を意識している」という「理性の事実」は、その典型です。

一般に、意識は、すなわち自己意識は、自己に関して決定的なものである。意識が増せばそれだけ自己が増し、意識が増せばそれだけ意志が増し、意志が増せばそれだけ自己が増す。意志を少しも持たないような人間は、自己ではない。しかし、人間は、意志をもつことが多ければ多いほど、それだけまた多くの自己意識をも持つのである。

（五七―五八頁）

ここは、一見、どうということのない言葉の意味の確認のように見えますが、「意識が増せばそれだけ意志が増す」という点がポイントです。絶望とは自己の自己に対する関係の齟齬ですが（三二頁を参照）、こうした齟齬（絶望）を意識すればするほど、ますます絶望は深まる、すなわちますます絶望をみずから招き寄せている――罪深いことをしている――のです。

こう、漠然とこれまでの概要を述べた後で、キルケゴールは本節Cの初めのAに入るのですが、そのタイトルはまたもや、「絶望が意識されているかいないかという点を反省せずに考察された場合の絶望。したがってここでは綜合の諸契機のみが反省される」という長いものです――このようにタイトルを長くするのには何か意図があるのでしょうか？

2　有限性と無限性

Aは、さらに「a　有限性——無限性という規定のもとに見られた絶望」と「b　可能性——必然性の規定のもとにみられた絶望」とに区分されているのですが、まずaに入ります。初めはこれまでの繰り返しです。このあたり、もう少し整理して語ってもらいたいと思いますが。

自己は無限性と有限性との意識的な綜合であり、この綜合はそれ自身に関係する綜合であって、その課題は、それ自身になるということであるが、これは神への関係をとおしてのみおこなわれうることである。（五八頁）

"ich＝ich"が「有限性」であり、"Ich⇔Ich……das Ewige"が「無限性」です。とはいえ、前者と後者は「それ自身に関係する綜合であって」、この自己自身への関係の背後に「神（Gott）」の存在があり、よって「これは神への関係をとおしてのみおこなわれうる」のです。

ところで、自己自身になるとは、具体的になるということである。しかし、具体的になるとは、有限的になることでもなければ、無限的になることでもない。なぜかというに、具体的となるべきものは、綜合にほかならないからである。したがってその発展は、自己の無限化において自己自身から無限に離れてゆき、そして、有限化において自己自身へ無限に帰ってくることにあるのでなければならない。（五八頁）

「自己自身になる」とは、キルケゴールの場合、「自己自身」というものを一挙に知的・直観的に捉えることではなく、絶望の段階を弁証法的運動によって「具体的に」踏んでいくことですが、これは「有限」と「無限」という引き裂かれたもののあいだの運動なのであって、どちらの極に到達することでもない。まさに、その「あいだ」を運動し続けるということ。それをキルケゴールは、「自己の無限化において自己自身から無限に離れてゆき、有限化によって自己自身へ無限に帰ってくる」と表わしているのですが、その真意がわかるでしょうか?

「自己の無限化において自己自身から無限に離れてゆき」というのは、自己のうちの穢れた肉体的部分から「無限に離れて」、霊的部分だけを追求すること。究極的にはプロティノスのような「神との合一」を目指すこと。そうでなくても、「この」肉体から離れて魂の救いを求めることです。

しかし、キルケゴールにとっては、これでは絶望は、すなわち救済は完結しない。まさに自分の穢れた血を受け継ぎ、せむしで卑劣な誘惑者であるセーレン・キルケゴールという、この有限な肉体的自己に「無限に帰ってくる」のでなければならない。私は、私の具体的な、手に負えないほど悲惨で罪深い人生を帳消しにするのではなく、まさにそれを完全に携えたまま、救われるのでなければならない。いや、救われることを「信じる」のでなければならない。

これがキルケゴールの「実存主義」の真髄なのであり、この思想が、その後いつまでも――私のような――ある人々をきわめて感動させてきたのです。

3 「自己自身」の二重性

この書の五八頁の最後の行から、「a 有限性――無限性という規定のもとに見られた絶望」に入ってすぐのところです。

これに反して、自己が自己自身にならないとき、自己がそれを知っているといないとにかかわらず、自己は絶望しているのである。けれども自己は、それが現に絶望している瞬間瞬間に、生成しつつある、なぜなら、可能態ニアル〔以下、片仮名は関連する漢字〈この場合は「可能態」〉とともにラテン語〕自己は、現実的に存在するのではなく、単に現成《げんじょう》すべきものであるにすぎないからである。そこで、自己が自己自身にならないかぎり、自己は自己自身ではなく、そして自己が自己自身でないということこそ、絶望にほかならないのである。（五八―五九頁）

キルケゴールは「自己自身」という言葉を二重の意味で使っている。まず、“ich＝ich”という低い人間的（有限な）段階の自己自身であり、次に“Ich⇔Ich……das Ewige”という高い（本来的）段階の自己自身です。弁証法的にいえば、前者は後者を含まないのですが、後者は前者を否定的に内に含んだ自己自身であると言えましょう。

こういうことをキルケゴールは整理して語ってくれないので，読者はしばしば頭を抱えることになる。その背景として、キルケゴールには、後者の本来的自己自身を前者から切り離して理解すること（正統的ルター派の解釈）への大いなる反感があって、このことから、逆説的に前者の自己自身を強調する論述になっている。

ですから、絶望の最高の段階（bのβ）は「絶望して自己自身であろうと欲する絶望」ですが、その場合の自己自身は「神に反抗する」のですから、一見すると前者の人間的自己自身なのですが、それがすなわち「反抗」というかたちで神を意識しているからには、後者の自己自身なのです。という但し書きを付けたうえで、右の引用箇所の「自己自身」は「本来の自己自身」だと言っていいでしょう。そのあとは、アリストテレスの「可能態」と「現実態」のモデルを使った説明がありま す。このことから、キルケゴールが哲学科を出たことがわかるのですが、もっと言うと、こんな図式を得意げに語るようでは、まじめな学生ではなかったんだな、とかんぐってしまいます。

キルケゴールの頭の良さは抜群ですが、どうも勤勉な学生とは言いがたく、聖書は別格ですが――一般に哲学書を厳密に読んだという形跡はない。これは、修士論文の『イロニーの概念』から当てはまり、あれだけ嫌ったヘーゲルの『精神現象学』や『大論理学』でさえ熱心に読み込んだふしはありません。

……と、文句ばかり言うのも、教育上悪いので(?)、簡単に解説しますすと、アリストテレスはすべてを目的論的に見る。その典型例は生物です。オタマジャクシは現実態であるカエルの可能態なのであり、その意味ではすでにカエルなのですが、現実態としてのカエルではないという意味ではカエルではない。すなわち、カエルの可能態としてのオタマジャクシは、カエルですが、まだカエルという自己自身ではないことになります。

この図式に当てはめると、絶望にも可能態と現実態との区別があって、「〔可能態である〕自己が〔現実態としての〕自己自身にならないかぎり、自己は自己自身ではない」のであって、ここに「絶望」が成立する。しかし、これはアリストテレスであって、想い起こしてみると、キルケゴールにはこの図式に乗らないもう一つの図式がありました。そう、「A」の「B　絶望の可能性と現実性」(三〇頁以下)というところで論じていることですが、その要となる文章をあらためて引用してみましょう。

このようにして、絶望することができるということは、無限の長所である。けれども、絶望しているということは、最大の不幸であり悲惨であるにとどまらない、それどころか、それは破滅なのである。（三一頁）

可能性と現実性とに関するこの箇所とアリストテレスとの反転する関係を、キルケゴールがここで自覚している感じはしません――そうなら、ここでもその説明があってしかるべきでしょう。と、批判的眼差しを向けていくと、先に挙げた箇所（本書一七八―一七九頁）とここではそもそも「可能性」という概念自体が異なっていることに気づく。先に挙げた箇所では現実態以前の可能態であり、これは「自己自身」に関して言われている。しかし、ここでは、さらにその可能態以前の可能性であって、人間である限り、「絶望することができるが絶望していない」という（いわば）理念的な可能性です。

人間として「生きる」ということは、この可能性から脱して現実的に絶望することであり、自己自身の可能態から現実態に移行していくことです。しかし、正統的ルター派のように、肉体的人間から離れ、霊的人間に近づくことによって自己自身になっていくのではなく、キルケゴールの場合、肉体的人間にしがみつき、絶望すればするほど、神を意識せざるをえず、自己自身になっていく、という一見逆説的（弁証法的）構造をしている。まさに、この弁証法こそこの書の土台であり、大黒柱です。

これで、どうにか自己自身の二重の意味に対する解釈のメドがたったでしょう。すなわち、われわれは自己自身②から遠ざかれば遠ざかるほど、すなわち、神に反抗して自己自身①にしがみつけばしがみつくほど、自己自身②に近づくのであり、自己自身②の可能態から現実態に上昇するのです。

以上、あえて絨毯の裏を見るように、キルケゴールの一見矛盾しているように見える表面の言語の裏を探りました。キルケゴールはこうしなければ読めない。表の字面を辿っただけでは絶対に読めない。なぜなら、彼は（修士論文を基にした）処女作『イロニーの概念』以来、こうした読み方を読者に期待していて、「わかる人」だけにわかればいいと思っているのですから（四頁を参照）。

4 絶望の形態は弁証法的に規定される

次に、aのなかの「α　無限性の絶望は有限性を欠くことである」という小節に入ります。しばらくすると、「β　有限性の絶望は無限性を欠くことである」（七三頁）という小節がありますから、これとの対比から、無限性と有限性とを（否定的に）反対の側から見て論じようとしていることがわかります。冒頭の文章で、すでに右で私が言ったことが書いてある。こうしてみると、キルケゴールも意外に「親切」ですね。

そのような事情にあるのは、自己が綜合であり、したがって、一方が絶えずその反対でもあるという弁証法的なものに基づくことである。いかなる形態の絶望も、直接に（すなわち非弁証法的に）規定されることはできないで、ただ、その反対を反省することによってのみ規定されうるのである。（五九頁）

ここでふたたび確認しておくと、「有限性の絶望」とは、落第したとか、失恋したとか、失業したとか……ありとあらゆる人間的な絶望であり、「無限性の絶望」とは、救済されない（かもしれない）という絶望です。両者はすぱっと切り離されているのではなく、「一方が絶えずその反対でもあるという弁証法的なものに基づく」のであり、「〔一方は〕その反対を反省することによってのみ規定されうる」のです。

詩人がよくやるように、絶望者に巧みな応答をさせることによって、人は絶望者の絶望状態を直接に描くことはできる。しかし、絶望はただその反対のものによってしか規定されることはできない、そこでもしそういう応答を文学的に価値多いものにしようと思うなら、それはその多彩な表現のうちに、弁証法的な対立の反映を含んでいなければならない。（五九頁）

ここで気づくことは、キルケゴールは「詩人」に高い地位を与えていないということ。詩人は絶望を「直接的に描く」がゆえに、つまり、当人がいかにも絶望していることがわかるように描くがゆえに、絶望を規定できないのであり、絶望をとらえようとするなら「弁証法的な対立の反映を含んでいなければならない」のです。

キルケゴールが「詩人」と言うとき、大体がシェイクスピアのことを念頭においていて、確かにシェイクスピアの登場人物は、ハムレットでもマクベスでもリア王でも、全身全霊で絶望していて、それが直接よくわかるように描かれています。キルケゴールが詩人（シェイクスピア）になぜこだわるかというと、彼自身が詩人だからであり、この書でもあえて詩人——すなわち説教者ではなく人間——の観点から語ることが少なくなく、それがこの書に独特の彩りを添えています。

それだから、無限になったつもりでいる人間の生き方、あるいはただ無限でのみあろうと欲する人間の生き方はすべて、いや、人間の生き方が無限になったつもりでいるかあるいはただ無限でのみあろうと欲する瞬間瞬間が、絶望なのである。なぜかというに、自己は綜合であって、この綜合においては、有限なものは限定するものであり、無限なものは拡大するものであるからである。

（五九―六〇頁）

「無限（unendlich）になったつもりでいる」と訳されたドイツ語は"vermeintlich unendlich"であって、本当は無限ではないのに、勝手にそう思い込んでいるという意味です。有限な人間が、無限を求めて挫折し、運命に翻弄される、という悲劇のヒーローの図式でしょうか。そう解すると、マクベスやリア王はぴったりします。

その場合、「自己は無限性と有限性との意識的な綜合」（五八頁）であるのに、「限定するもの」であるはずの「有限なもの」に耳を貸さず、一方的に「無限なものに拡大する」ところに、この形態の絶望があるわけです。

しかし、その「無限なもの」が神や自己のなかの永遠なもの（das Ewige）ではなく、運命や、ある想定するところの大いなる力のようなものですから、キルケゴールによれば、こうした詩人が描く英雄たちは、たとえ激越なほど悩み苦しんだとしても自己自身には近づかないのです。

5　「想像」としての無限性の絶望

次は、かなり読むのに手こずるようです。

したがって、無限性の絶望は、想像的なもの、限界のないものである、というのは、自己は、まさに絶望したというそのことによって、自己自身を透明に神のうちに基礎づける場合にのみ、健康であり、絶望から解放されているのだからである。（六〇頁）

前半はこれまでの有限を無視した、無限へと拡大していく絶望の形態ですが、「というのは」と続いて「自己は……自己自身を透明に神のうちに基礎づける場合にのみ……絶望から解放されている」という、絶望から本来的に解放されている形態がふっと出てくる。問題は、この連関をどう読むかです。

すると、どう考えても、詩人が描く絶望の形態が、すなわち「［本来的に］絶望から解放されている」形態とは読めないので、ここは、やはり逆接にとって、「というわけであるが」、それは「絶望したというそのことによって、自己自身を透明に神のうちに基礎づける場合」ではない、と読むしかないでしょう。「想像的なもの」と「透明に」とが対比になっているとも考えられます。

しかし、この後では、「想像的なもの（das Phantastische）」と「想像（die Phantasie）」とが区別されている。

もちろん、想像的なものは想像ともっとも近い関係にある。しかし想像はまた、感情、認識、意志とも関係しており、したがって人間は、想像的な感情、想像的な認識、想像的な意志をもつことができる。想像は一般に無限化作用の媒体である、想像は他のもろもろの能力とならぶ一つの能力なのではなく、――いうならば、スベテニ匹敵スル能力なのである。

（六〇頁）

キルケゴールは、これまで「想像的なもの」を「限界のないもの」という抽象的な意味で使っていたのですが、ここではじめて本来の「想像」と結びつける。そして、これから「想像」についての話がしばらく続くのですが、読者はこの区別に、はてな？ と思うのではないでしょうか。というのも、キルケゴールが「想像」に、他の心的能力と並ぶのではなく、それらすべてに伴う広く強い力を付与していることはいいとしても、これまでの「想像的なもの」は「想像」にほかならない、と読むのが自然だからです――こうした読者を配慮しない書き方は困ったものです。

一人の人間がどれだけの感情を、どれだけの認識を、どれだけの意志をもっているかということは、つまりは、彼がどれだけの想像をもっているかということに、すなわち、感情や認識や意志がどれだけ反省されているかということに、つまり、想像に、かかっているのである。想像は無限化する反省である。それだから、老フィヒテが、認識に関してさえも、想像が諸範疇の根源であると考えたのも、まったく正しいことである。

（六〇頁）

ここで、「想像」と「反省」とが結びつけられる――これも唐突ですが、あとでわかります。また、キルケゴールはベルリンに出てシェリングの講義を聴いていますから、ここにそのことがちらっと入っていますが、これでは何のことかわからない〔訳注〔桝田注（56）〕参照〕。だんだん点が辛くなりますが、こうした箇所から、彼があまり熱心な聴講生ではなかったことがわかります。

自己とは反省である、そして想像は反省であり、自己の再現であり、これは自己の可能性である。想像はあらゆる反省の可能性であり、そしてこの媒体の強さが、自己の強さの可能性なのである。想像的なものとは、一般に、人間を無限なもののなかへ連れ出して、ただだんだんと自己自身から遠ざけるばかりで、そうして、人間が自己自身に帰ってくることを妨げるものである。

（六〇—六一頁）

ここにいたってやっと、読者には「想像」のマイナスの性格がわかり——さきほどの、前節の終わりごろの解釈は、すでにこの辺りを見越したものです〔本書一八三—一八四頁〕——、この節のタイトル、「無限性の絶望は有限性を欠くことである」の意味もわかる。すなわち、「想像」こそ、「有限性を欠く無限性の絶望」の典型例なのです。それは、自己の特性である「反省」のうちで、有限性の契機 “ich=ich” を置き去りにし、想像上の無限性の契機のみが舞い上がってしまう、というレベルの低いものなのです。

それは、「人間を無限なもののなかに連れ出して、ただだんだんと自己自身から遠ざけるばかりで、そうして、人間が自己自身に帰ってくることを妨げる」。本来の「自己自身」とは、「有限な自己 “ich=ich” を否定的契機として含みもった「無限な自己 “Ich ⇔ Ich……das Ewige” なのですが、「想像」においては「無限の自己」そのものが想像されたものにすぎないのですから、それは「有限な自己」

の支えがないままに、糸の切れた凧のように空《くう》に彷徨《さまよ》ってしまうのです。

ここまで分析すると、次の文章はさらっと頭に入ってくるでしょう。

このようにして、感情が想像的になると、自己は、ますます稀薄になっていくばかりで、おしまいには、一種の抽象的な感傷になってしまうが、そのような感傷は、非人間的にも、いかなる人間のものでもなく、たとえば、抽象的ナ人類といったような、なにか抽象体の運命に、非人間的にも、いわば多感な同情を寄せるものなのである。（六一頁）

ここに登場する「一種の抽象的な感情」とか「抽象的ナ人類」といったような、なにか「抽象体の運命」などの概念にマクベスやリア王、さらにはオイディプスの嘆きを重ね合わせると、よくわかってくるでしょう。彼らの絶望がどれほど大きくとも、それは神を意識していない限り、キリスト者から見れば、やはり「抽象的な感傷」にすぎない、というわけです。

二 自己が自己自身になる

1 想像の絶望に陥った者は自己自身を失う

「α 無限性の絶望は有限性の絶望を欠くことである」という節の途中（六一頁）からですが、次第にわかってくることは、この場合の「無限性・有限性」はキルケゴール本来の（キリスト者的）立場ではなくて――もちろん最終的にはそれに、少なくとも否定的につながるのですが――悲劇のヒーローのように、自分自身の有限性を想像によって、踏み越えて無限にいたろうとする絶望をモデルにしているということです。

先の引用箇所をもう一度引くと、「想像的なものとは、一般に、人間を無限なもののなかへ連れ出して、ただだんだんと自己自身から遠ざけるばかりで、そうして、人間が自己自身に帰ってくることを妨げるものである」（六〇―六一頁）。すなわち、「想像」に逃げずに、有限な自己自身に留まり、「そこで」真摯に絶望することが、本来の（キリスト者の）道であることを、裏側から言っているとも解せるでしょう。

しかし、キルケゴールがこのαを長々と心を籠めて語っていることに、注目しなければならない。実際、彼は「詩人」なので、人間の正しい方向を描く以上にダメな方向を描くことに情熱を注ぐ――それがこの書のかけがえのない魅力となっています。というわけで、「感情が想像的になると、自己は、ますます感傷的になっていくばかりで、おしまいには、一種の抽象的な感傷になってしまう」（六一頁）というメカニズムはもう充分わかったのですが、キルケゴールはさらに続けます。

> リューマチを病んでいる人は自分の感覚的な感じを自由に支配することができずに、その感じが気流やお天気に左右されていて、気象の変化が起こったりなどすると、知らず知らずそれを身に感ずるものだが、感情が想像的になった人の場合も、それと同じである。彼は或る仕方で無限化されるが、しかし、ますます自己自身になるというふうな仕方で無限化されるのではない、なぜなら、彼はますます自己自身を失っていくのだからである。
> （六一頁）

これは、ちょうどリューマチの原因を「そと」にもっていくように、想像によって有限性を欠いた無限性の絶望にとらわれている人は、「自己自身を失っていく」ということ。自分を悲劇の主人公のように見立てて、ある種の甘美な自己愛を漂わせて絶望している人がたまにいますが、そのような人でしょう。ここではキルケゴールが（若き日の）自分自身のことを語っているのはまず間違いない。莫大な遺産を受け継ぎ、とびきり明晰な頭脳をもち、熟練のドン・ファンとして乙女たちを誘惑し、……そして、このすべてに満足しないで、悩んでいるのですから。

認識が想像的になる場合も同じことである。認識に関する場合の自己の発展の法則は、自己が自己自身になるということが真実であるべきであるかぎり、認識の上昇の度合は自己認識の度合に相応するということであり、自己は、認識を増せば増すほど、それだけ多く自己自身を認識するということである。（六一頁）

この部分はわかりにくい。というのも、初めの「認識が想像的になる場合も同じことである」は、この引用箇所の次に対応しているからであって、この部分はむしろ認識の度合と自己認識の度合とが比例するという一般論を語っているだけだからです。ところで、そうなのでしょうか？　私の経験からすると、世界に対する認識をふんだんにもっている（科学者や思想家）が、自己についての認識はお粗末であることはそれほど珍しいことではないようなのですが……。

しかし、注意してみると、「自己が自己自身になるということが真実であるべきであるかぎり」という限定があるのですから、この場合の自己認識とは、ただの自己認識なのではなく、「自己自身」を認識すること、すなわち自己における永遠なもの（das Ewige）を通して、「自己を措定した力〔神〕」（三〇頁）を自覚しているということがわかる。

とすると、この場合の「認識」とは何かと問うと、これもただの科学的知識ではなく、やはり世界を「措定した〔創造した〕力〔神〕」を自覚している世界認識だということでしょう。こうした、いわば正しい認識の場合は、「〔世界〕認識の上昇の度合は自己認識の度合に相応する」わけです。

認識がこのようにおこなわれない場合には、認識は上昇すればするほど、ますます一種の非人間的な認識となり、この非人間的な認識を獲得するために、人間の自己が浪費されることになる。それはちょうど、ピラミッドの建設のために人間が浪費されるようなものである。あるいは、かのロシアのホルン吹奏楽で、人々が、ただ一つの拍子でしかなく、それ以上でも以下でもないために、浪費されるようなものである。（六一―六二頁）

本当は「認識がこのようにおこなわれない場合には」、すなわちリア王のように想像によって――間違った――認識が無限大にまで拡大してしまった場合には、人間を超えると言っても「非人間的」であるだけであって、その無限にまでいたるすさまじい努力もただの「浪費」であるというわけです。それは、王の死後の生活のための広大な住居という想像が生み出したエジプトのピラミッドのように、「浪費」だということ。

これは、いいのですが、その後の「ロシアのホルン吹奏楽」は訳注〔桝田注（58）〕を読んでやっとわかるのですが、当時の読者はこれだけでわかったのでしょうか？　とにかく、この事例からも、キルケゴールがバカげた「浪費」の事例を丹念に探し回り、「これだ！」と探り当てたような感じです。そして、この部分を読み直して何度もほくそ笑んでいる、あるいはニヤリとしている、という感じでもある。

ちょっとわき道に逸れますが、こうした本筋とは関係のないところ――考えてみたら「リューマチ」からこの「ロシアの吹奏楽」まで、すべてカットしても論旨は変わらない――に異様に凝るのが、キルケゴールの「体質」のようです。「絶望」について語りながら、こういうユーモアに溢れていることがこの書の魅力になっていることも確かです。

ついでに、ニーチェの場合に引き比べてみると、彼も自分の在庫をすべてカラにして語るタイプですが、こうした潤滑油としてのユーモアは皆無です。すべてが「論旨」なのであって、大真面目な言葉だらけ。思うに、彼は自著を読み返して笑うこともなかったでしょう。

しかし、例えば『ツァラトゥストラ』の全体が、とくにツァラトゥストラ自身がひどく滑稽なのです。これは、作者の意図せざる滑稽でしょう。よく、当人が大真面目であるからこそ滑稽なのですが、まさにその典型でしょう。

その点、ニーチェのほうが善人であり、人間味があります。しかし、私はもし二人のうち、どちらかと一緒に酒を飲むなら、キルケゴールと飲みたい。ニーチェと飲むと、どうも絡まれそうで、あるいはあとで言いがかりをつけられそうで、怖いからです。閑話休題。

2 翻訳者の思い込み？

意志が想像的になる場合にも、同じように自己はますます稀薄化されていく。この場合、意志は、だんだん抽象的になっていくが、それと同じ程度にだんだん具体的でなくなっていく。したがって、意志が企図と決意において無限化されればされるほど、意志はそれだけますます、いますぐに果たされねばならぬ仕事の小さな部分のなかにいて、まったくそれにばかり気をとられ、いつもそれといっしょにいることになってくる、したがって、意志が無限化されることによって、もっとも厳密な意味で自己自身に帰ってくるのである。　（六二頁）

この箇所の意味はわかりますか？　私は何度読んでもわからず、ドイツ語や他の翻訳を参照してやっとわかりました。つまり、全体が誤訳と言っていいのです。この機会に、ちょっと時間とスペースを割いて、誤訳の「ありか」を探っていこうと思います。

私がまずヘンだなあと思ったのは、「意志は、だんだん抽象的になっていくが、それと同じ程度にだんだん具体的でなくなっていく」という部分です。普通に考えて、「抽象的になっていく」ことは「具体的でなくなっていく」ことにほかならないのであり、こう同じことを二度語ることに、特別の意味は認められない。

そこでドイツ語を見ると“Der Wille wird dann nicht beständig im selben Grade konkret wie abstrakt.”であって、直訳すると「意志は、抽象的であるようには、いつも同じ程度に具体的であるわけではない」となります。まず大前提として、意志は、「抽象的」なのですが、「いつも同じ程度には」「具体的」ではない。すなわち、意志は「抽象的」であっても「具体的」ではない場合もしばしばある、ということ。これなら、わかります。

また鈴木祐丞訳（講談社学術文庫、五六頁）を見ると、「その場合、意志の具体化は必ずしもその抽象化と同程度というわけではない」とあって、正しく訳されています。さらに、先の箇所のこの書の訳（桝田訳）をもう一度見てみると"im selben Grade"における"Grad"（程度）を「だんだん」と解していることもおかしい。ここには「だんだん」という意味はなく、ただ意志に関して「抽象的」と「具体的」の「程度」が必ずしも同じではない、と言っているだけなのですから。

というわけで、「誤訳」を訂正してみると、「意志が想像的になる場合」、「自己はますます希薄化されていく」。ここまではいいのですが、この場合、意志は抽象化されているが、同じ程度には具体化されていない、ということです。明瞭にわかるではないですか。

さて、次に進みますと、「したがって」とありながら、論旨は跳んでいて、そういう状態から脱するには「いますぐに果たされねばならぬ仕事の小さい部分のなかに」いなければならない、ということです。ところが、このあとの訳がまるごとおかしい。

「まったくそれにばかり気をとられ、いつもそれといっしょにいることになってくる」では、何のことかわからない！　だいたい、その仕事は想像状態から脱するための方策のはずですが、「それにばかり気をとられ」では、まるで反対にマイナスであるかのような感じになる。

この部分のドイツ語を読むと"…er mehr und mehr sich selbst ganz gegenwärtig wird…"であって、直訳すると「意志はますますまったく自己に現在することになる」となる。つまり、想像から脱して本来の具体的自己を取り戻すということ。そこで、鈴木訳を見ると「いっそうしっかり向き合う」（講談社学術文庫、五六頁）とあって、うまく訳している。

先の引用箇所の最後の部分、「したがって、意志が無限化されることによって、もっとも厳密な意味で自己自身に帰ってくるのである」は正しいのですが、その前をこの書の訳者のように訳すと、なぜ「したがって」かがわからない……。

訳者の桝田啓三郎さんはキルケゴール研究の大家なのですが、彼にはある「思い込み」があって、それを先の箇所に投入して読んでいるようです。そして、この「思い込み」はこの次の箇所でさらにはっきり出てくるのですが、それを指摘する前に、読者は大混乱しているかもしれないので、この部分の「正しい訳」（鈴木訳）を引いておきます。

> 意志が空想的になる場合にも、自己はどんどん蒸発してしまう。その場合、意志の具体化は、必ずしもその抽象化と同程度というわけではない。だから、意志は、企図を決断にあたって無限化すればするほど、その課題の、すぐにでも取りかかれるようなごく小さい部分にいっそうしっかり向き合うのである。
> （『死に至る病』鈴木祐丞訳、講談社学術文庫、二〇一七年、五六頁）

次に進みます。

> つまり（意志が企図と決意においてもっとも無限化されるとき）、自己自身からもっとも遠く離れていながら、その同じ瞬間に、きょうのうちにも、この時間にも、この瞬間にも果たされねば

ならぬ無限に小さい部分の仕事を遂行することによって、自己自身のもっとも近くにいることとなる。

（桝田訳、六二頁）

さて、この翻訳自身はこれでいいのですが、この部分に訳者がつけた訳注〔桝田注（62）〕が、これまで指摘した何よりも悪い。そこには、こうあります。

目先の些細なことでも、空想がそれを何か偉大なことであるように思い込ませると、意志はだんだんと無限化されていって、それに夢中になり、まったくそれにとらわれてしまう。そのとき意志は、目先のことに食いついている自己、つまり非本来的な自己のもっとも近くにいるわけであるが、それは同時に、本来的な自己からもっとも遠く離れていることであって、自己自身を見失った姿にほかならないと言っているのである。

そんなことを書いているでしょうか？　というより、キルケゴールがこの文脈でこんなことを書くでしょうか？　素直に解せば、空想で膨れ上がった、無限化された絶望から脱するには、まさに眼前の小さな仕事に向き合うこと。それがすなわち「本来の自己自身」のもっとも近くにいる、ということではないでしょうか？　この一瞬でも、セムシに真剣に向き合うことが、すなわち「自己における永遠なもの」に向き合うことにほかならない、ということではないでしょうか？

3　抽象的な無限化のうちに想像的生き方をする

ここからあとは、いままでの残響のようなもの。

このように感情か認識か意志かが想像的になると、ついには、自己全体が想像的となりかねなくなる、この想像化は、人間が想像的なもののなかへ飛び込むという比較的能動的な形でおこなわれる場合と、人間が想像的なものに引きずりこまれるという比較的受動的な形でおこなわれる場合とがあるが、どちらの場合にも、その責任は自己にある。（六二頁）

「比較的能動的な形」と「比較的受動的な形」はいいでしょう。問題は最後であって、「どちらの場合もその責任は自己にある」のです。リア王やマクベスの「自己全体が想像的になりかねなく」なったのは、時代のせいでも、イヤーゴのせいでも魔女の予言のせいでもなく、まさに自分のせいなのであり、前に出てきた表現を使えば、まさに有限性の絶望を欠く無限性の絶望を「みずから招き寄せつつある」（三四頁）のです。

その場合、自己は、絶えず自分の自己を欠き、だんだんと遠く自己から離れていって、抽象的な無限化のうちに、あるいは、抽象的な孤立化のうちに、想像的な生き方をするのである。（六二―六三頁）

この文章の解説は必要ないでしょう。次の文章が対話のための課題です。これまで通りのことを繰り返しているようでもありますが、そうでもないところもある。

たとえば、宗教的な領域がそうである。神との関係は無限化である、しかし、この無限化は人間を想像的に引きずり込んで、それが単なる陶酔にすぎなくなることがある。人間には、神の前にあることが堪えられないように思われることがある。それはすなわち、人間が自己自身に帰ってくることができないからであり、自己自身となることができないからなのである。（六三頁）

対話5

「α　無限性の絶望は有限性を欠くことである」という標題のもとに、ずっとキルケゴールは、もっぱら無限の想像によって、有限な人間の立場を忘れる悲劇の主人公の絶望を語ってきたのですが、ここにいたってはじめて、αが「宗教的領域」においても成立することを論じている。それは、「神との関係」という無限化が「人間を想像的に引きずり込んで、それが単なる陶酔にすぎなくなること」。

ここで、「神との関係」において想像的に陶酔しているだけの者と悲劇の主人公とが重なってくる。いずれも、有限性を欠いているのですが、しかも、いずれもその絶望における無限性は、「神との関係」における真の無限性ではないゆえに、「自己自身（自己のなかの永遠なもの）に帰ってくることができない」状態なのです。

とはいえ、ここで見落としてはならないことは、そんな陶酔状態に陥っていながら、人間は自己欺瞞にぼんやりとでも気づき、自分が「神の前にあることが堪えられないように思われる」ということです。

どうでしょう？　キルケゴールは、基本的には、いかなる人でも「自分のなかの永遠なもの」に気づいているのですが、それから意図的に眼を逸らしていると考える。なぜなら、それを直視することは——「神の前」にあるのと同様に——堪えられないからなのです。そしてその限り、誰でも次に出てくるすずめとは違うのです。

4　「自己」が欠けていること

そういう想像的な宗教家なら、こう言うことであろう（科白《せりふ》の文句を用いて、彼の特徴を示してみると）、「すずめが生きていられるのはわかる、すずめは自分が現に神の前にいるということを知らないのだから。しかし、人が現に神の前にいるのだと知り、そうして、その同じ瞬間に、発狂もせず破滅もしないでいられるものであろうか！」

（六三頁）

これは、斎藤信治訳（岩波文庫）によれば、キルケゴールが自分自身の昔の日記から引用したところだそうですが、とすると、同時にここでキルケゴールが、「そういう想像的な宗教家なら、こう言うことであろう」と書いていることに注目しなければならない。すなわち、すずめの話は、無限の想像による陶酔に陥った、かつての愚かな自分自身（セーレン・キルケゴール）を、アンティ・クリマクスが自嘲的に語ったもの、と言えましょう。

すずめとは弱いものの象徴であって、そんな弱いすずめでも、全知全能の神の前にいることを知らないから、発狂し破滅しないでいられるのであろう。だが、自分もたしかにすずめのように弱いのだが、すずめと違って「神の前にあることが堪えられないように思われ」、発狂寸前である。こう若きキルケゴールは、センティメンタルに語っている――ちなみに、「神の前（coram Deo）」とはルター派の中心をなす言葉。こうした自己陶酔的態度こそが、「宗教的領域」において「無限性の絶望は有限性を欠くことである」というわけです。

しかし、人間がこのように想像的になり、したがって絶望している場合でも、そういう状態はたいていの場合よそ目にもわかるものではあるが、それでも、人間は結構りっぱに生きてゆけるのである、つまり、見たところ普通の人間として俗事にたずさわり、結婚し、子供を生み、人の尊敬を受けたり名声を博したりすることができる――しかも、彼には、いっそう深い意味で、自己が欠けていることに、人はおそらく気づかないのである。

（六三頁）

すずめの話をした後に、「しかし、人間が〔すずめとは違い〕このように想像的になり、したがって絶望している場合でも……」と続く。この逆接がちょっとわかりにくいのですが、最後に「いっそう深い意味で、自己が欠けていることに、人はおそらく気づかない」とあることから、その場合、「人間は結構りっぱに生きてゆける」のですが、だからこそ、自己が欠けていること〔自己のなかの永遠なもの」に気づかない」となるのでしょう。

すなわち、人間は、すずめとは違い、まったく「神の前にいることを知らない」のではなく、うすうす知っているのだけれど、知らないふりをしている。課題の解説でも言いましたが、サルトルの言葉を使えば「自己欺瞞」に徹している。しかし、ちょっとつながりが不透明なのは、これまでえんえんと悲劇の主人公のような、無限の想像による絶望を扱ってきたのに、ここでは打って変わって「普通の人間」に照準を合わせていることです。

「普通の人間」は、悲劇の主人公とは真逆であって、むしろ自分はまったく絶望なんかしていないと思い込んでいるはずでしょう。それこそが絶望的だということはわかるのですが、なぜ、こうした「普通の人間」が、「α 無限性の絶望は有限性を欠くことである」という類型のなかに入るのか、がすんなりとはわからない。

「自己のなかの永遠なもの」に気づかずに「普通の人間」を演じ続けることが、とりもなおさず、無限の想像によって流されていることなのか？　言いかえれば、想像力の無限の欠如なのか？　このあと、キルケゴールは、こうした「普通の人間」がいかに自己自身を失っても「なんともない」か、という議論をえんえんとしていますが、どうもしっくりきません。わかった人は教えてください――ああ、こういうコーナーを設けてもいいですね。

このあとにくるのは、拍子抜けするほどわかりやすい文章です。

世間の人は、自己というようなもので大騒ぎなどしない、なぜかといって、自己などというものは、世間ではいちばん問題にされないものであり、それをもっていることに気づかされることが何よりも危険なことであるようなものなのだからである。自己自身を失うという最大の危険が、世間では、まるで何でもないことのように、いとも平静におこなわれているのである。これほど平静におこなわれる喪失はない。ほかのものなら、何を失っても、一本の腕であれ、一本の足であれ、五リグスダーラーであれ、妻であれ、そのほか何を失っても、すぐ気づくくせに。

（六三―六四頁）

としても、こういうことを書くときのキルケゴールの嬉々とした表情が目に浮かぶようです。「五リグスダーラー〔よくわかりませんが、例えば五〇〇〇円〕であれ、妻であれ」と書いて自分で吹き出している……のではないでしょうか？　ま、あまりに愚かしいので、笑い話にするしかない、という一種のイロニーの技法でしょう。

5　美学的絶望と倫理的絶望

β　有限性の絶望は無限性を欠くことである

こういう事情にあるのは、αにおいて示されたように、自己が一つの綜合であり、したがって一方がその反対でもある、という弁証法的なものに基づくことである。

無限性を欠くことは、絶望的な偏狭さ、固陋《ころう》さである。しかし、この場合、固陋さとか偏狭さとかいうのは、むろん、ただ倫理的な意味においてのことにすぎない。世間で実際に云々されるのは、ただ知的ないし美的な偏狭さ、すなわち、どうでもよいことだけであり、しかもこのどうでもよいことが、世間ではいつでもいちばん問題にされるのである。つまり、どうでもよいことに無限の価値を与えるのが、世間というものなのである。

（六四頁）

初め、キルケゴールは「こういう事情にあるのは、αにおいて示されたように、自己が一つの綜合であり、したがって一方がその反対でもある、という弁証法的なものに基づくことである」と言って、αとβが同じ「弁証法的なものに基づく」かのように語っていますが、αでも仄めかしたように、どうもαとβは同じ目盛りの上を動いているのではないらしい。

というか、最終的には同じ目盛りによって計測されるのでしょうが、さしあたりはずいぶん違った有限性と無限性とのあいだを動いているという印象です。というのは、αは想像上の無限性、いわば偽りの無限性にとらわれた者の絶望ですが、これに反して、βは想像上の有限性ではなく、もっと普通の、本当と言ってもいいほどの有限性にとらわれた者の絶望だからです。

これを断った上で、読み進むと、どこまでもごく普通の話が続いているだけです。そういうなかで、多くの読者は、「倫理的・美的・知的」というトリアーデに、そして、そのなかで他の二つが「どうでもよいこと」であるのに、「倫理的」だけはそうではない、とみなしていることにまごつく――というより誤解する――かもしれない。

キルケゴールは、処女作の『あれかこれか』以来、美的段階→倫理的段階→宗教的段階という三段階説をとる。矢印で示したように、後のほうが――もちろんキルケゴールが考えるキリスト者のあり方として――より高度な段階です。そして、とくに初めの二段階の比較をしている。これは、趣味豊かな生活より道徳的生活のほうを勧める、というふうに誤解されそうですが、彼は、「美的（ästhetisch)」と「倫理的（ethisch)」という概念に、――あの憎きヘーゲルを土台にして――独特の意味を与えている。

すなわち、「知的」をさしあたり脇に置いておくと、「美的生活」とはドン・ファンのように快楽を求める生活であり、「倫理的生活」とは、定職につき、結婚し、子供を育てるという立派な市民としての生活です。いいですか？　これがキルケゴールであって、彼は倫理的生活にあこがれつつもできなかった、という自分のダメさを嘆いているのであって、ドン・ファンあるいは社会的不適格者の破滅的生き方を賛美するような――太宰治的？――デカダンとは正反対に位置する人間なのです。

ですから、この文脈によれば「美的な」絶望は「どうでもよい」のであり、立派な市民にまつわる「倫理的な」絶望のほうは、「どうでもよい」ことではないのです。しかし、こういった瞬間に、ベクトルはくるりと逆向きになり、まさにこうした「倫理的」な絶望こそ、「無限性を欠いた有限性の絶望」の典型であることがわかってくる。その「固陋さと偏狭さ」こそが、本来の絶望には弁証法的に含まれているはずですが、その「無限性」を見えなくさせる最も手ごわい敵なのです。

ここで、補足しておきますと、「知的」とは、普通に考えて、哲学者や科学者のように、神以外の「知」という有限なものに絶望していることであって、これが「どうでもよい」ことは言うまでもありません。

ここを通過すれば、あとは、一読すればわかるでしょう――から、解説は省きます。なお、「唯一の必要なもの」については訳注〔桝田注（63）〕を参照。

世間的な考察は、いつも人間と人間とのあいだの差別にのみ執着し、だからまた当然のことであるが、唯一の必要なもの（これをもつことが精神の精神たるゆえんなのだから）に対する理解をもたず、それゆえにまた、偏狭さと固陋さに対しても理解をもたない、これはつまり、自己自身を失っていることにほかならないのであるが、それも、無限なもののなかに稀薄化されることによってではなく、まったく有限化されることによって、すなわち、ひとつの自己であるかわりに、一つの数となり、この永遠に一律ナモノに加わるもう一個の人間、もう一つの繰り返しとなりおわることによって、自己を失っているのである。（六四―六五頁）

6 「自己」を研いで尖らせる

以下、謎かけみたいな文章になりますが、ヒントとして、キルケゴールの敵は、立派な市民のうちに巣喰う「倫理的な絶望」であると限定して読むと、かなり解読が容易になります。

絶望せる固陋《ころう》さとは、原始性を欠いているということである、言いかえると、自己の原始性を放棄しているということ、精神的な意味で自己自身を去勢しているということである。すなわち、人間は誰でも原始的には一つの自己として創られ、自己自身となるように定められている、そして、もちろん、自己というものはすべて、ありのままの状態では、角《かど》のあるものである、しかしそれだから自己は研《と》いで尖《とが》らされねばならないということになりはしても、だからといって、自己は研ぎ落とされねばならない、ということにはならない。（六五頁）

「絶望せる固陋さ」とは、立派な市民の有する優越感と満足感に基づく揺らぎのない自己肯定的精神、すなわち、こうした独特の意味における固陋さです。こうした人は、社会の掟や風習を空気のように自分の内に取り入れて、勤勉であり、責任感があり、品行方正であり……ということが、すなわち人間としての「原始性を欠いている」というのはいいでしょうか?

こうした人を徹底的に嫌うのは、ニーチェやサルトルを代表として、芥川や太宰や三島にも通ずる、わりと大きな人間集合です。後半の「もちろん……」以下もいいです。「自己というものはすべて、ありのままの状態では、角のあるものである」。訳者はこの「角」を「カド」と読ませたいのでしょうが(ドイツ語は"kantig")、一瞬迷ってしまいます。「ツノ」でも「雄ウシの角」として喩的に読めますから。

そして、「しかしそれだから自己は研いで尖らされねばならない、ということになりはしても、だからといって、自己は研ぎ落とされねばならない、ということにはならない」もそんなに難しくはないでしょう。

「原始性」とは、怒りや、憎しみや、傲慢といった、人間にもともと備わっている欲望でしょう。とくに、「去勢(entmannen)」という言葉を使っていることから、性的欲望も含めていることがわかります――ここを強調すると「研ぎ落とす」とはまさに去勢すること。

立派な市民とは、同時に教会が好むようなクリスチャンですから、彼らは教会が禁ずるこうした、「悪」を完全に「研ぎ落として」しまっている。しかし、そうではなく、むしろ、これらを「研いで尖らせる」こと、すなわち鍛え上げることこそが必要だということ――その最も強固な「角」こそ「神への反抗」でしょう。

すなわち、人間に対する恐怖心から自己自身であることをすっかり断念してしまうべきであるとか、いわんや、単に人間に対する恐怖心だけから、自己は自己のこの本質的な偶然性（これこそ研ぎ落とされてはならないものである）のままに自己自身であろうとあえてすべきではない、とかということにはならない。人はこの偶然性のうちにあってこそ、自己自身に対して自己自身なのだからである。

（六五頁）

さて、この箇所を対話のための課題にしましょう。この箇所の意味がどれほどわかるかは、キルケゴールがどれほどわかるかのバロメーターとも言えるほどであり、ここにキルケゴールの中心思想が表明されています。

対話6

キルケゴールの言葉を、読者が「緩和する」方向に進みたいのはわかりますが、なるべくそれをやめることが肝心です。これがキルケゴールやニーチェを読むときの「基本作法」（?）です。たしかに、両人とも殺人を許容しているかのような文書を書きながら、実際は誰も殺さなかった。このとき、やはり言葉で主張しているだけだという方向ではなく、――私は心底そう思いますが――書くことによって殺人をようやく食い止めている、という方向に解してもらいたい。でないと、ニヒリストやキリスト者の言葉が、なんとも色あせたものになってしまう。さらにいえば、この自分だって、これまでたまたまそういう状況に遭遇しなかったから殺人を犯さなかっただけであって、これからいつ犯すとも限らない、という視点――悪への親近感――を無理にでももってもらいたいのです。

まず、ここにある「偶然性」という言葉ですが、正統的ルター派の観点からすれば、永遠の生命ではなく、われわれを造っている身体的・心理的・社会的、すなわち有限的・人間的な条件のすべてです。キルケゴールの場合、不義の子であるとか、セムシであるとか、大富豪の息子であるとか、頭脳明晰であるとか……ですが、これらすべてを正統的ルター派は「とるにたらないこと」として切り捨てようとする。セムシであろうと、アポロンのような身体であろうと信仰には関係ない。大秀才であろうと大鈍才であろうと、大富豪であろうと、極貧であろうと、一切関係ない。

こうした連関から、「人間に対する恐怖心」とは、こうした人間的なもの――とりわけその欠陥や悪――の恐ろしさ、さらにそれに執着することの恐ろしさ、と言っていいでしょう。それらを「そぎ落として」幸福になりたいというのが心情ですが、教会は、これら地上的なものに対するこだわりを「すっかり断念してしまうべきである」と教える。そして、それらにこだわらずに「自己のなかの永遠の魂」のみを見つめ続けよ、と教える。

しかし、そうでしょうか？　むしろ、「自己のこの本質的な偶然性のままに自己自身であろうとあえてすべき」ではないでしょうか？　セムシに打ちひしがれつつ、自分の卑劣さや弱さに悩みつつ、永遠の生命を求めるべきではないのか？　なぜなら、「人は、この偶然性のうちにあってこそ、自己自身に対して自己自身なのだから」。

すなわち、人間としての自己自身と永遠の生命としての自己自身とは、無関係でもなく、ベクトルが逆でもなく、ぴったり重なっている。その惨めで哀れな自分を捨ててではなく、まるごと抱えたまま信仰にいたるほかないこと、それが真の意味で「神の前で誠実である」ということです。

私が、「この箇所の意味がどれほどわかるかは、キルケゴールがどれほどわかるかのバロメーターとも言えるほどであり、ここにキルケゴールの中心思想が表明されている」と言った意味がおわかりかと思います。

7 黙っていることは危険である!

次に取り上げるべき箇所（六五頁終わりから四行から六七頁一行）について、二つだけコメントしておきます。どこまでも他人に合わせて「自己自身を忘れてしまう」（六六頁）人間類型を、ハイデガーは「ひと（das Man）」と呼んで、人間存在の本来的形態である「実存（Existenz）」からの「頽落《たいらく》（Verfallen）」（降下－堕落）とみなしていますが、彼はこのあたりの記述も参考にしたのではないでしょうか?

そして、もう一つは「自分が（神的な意味において）どういう名前であるか」（六六頁）ということの意味ですが、まず表面的には、洗礼名というか、苗字と名前とのあいだに入るクリスチャンネームですが、ここでは、神が見通しているかけがえのない個人の名（固有名）、すなわちそれぞれの「単独者（der Einzige）」であるという意味でしょう。

さらに「小石のように研ぎ減らされ」(六六頁)という比喩ですが、ニーチェの『ツァラトゥストラ』にとても似た箇所がありますので、引用しておきましょう。

彼らは相互に円満で、正直で、親切である。さながら砂粒と砂粒とが互いに円満で、正直で、親切であるように。(吉沢伝三郎訳、下、ニーチェ全集一〇、ちくま学芸文庫、一九九三年、四八頁)

さて、六七頁一行目、「しかし、」から解説を再開します。

しかし、黙っていたらどうなのか? 実は、これこそもっとも危険なことなのである。というのは、黙っていることによって、人間はただ自分ひとりぼっちにされるからである。すなわち、そのとき、現実は、彼を罰することによって、つまり、彼がしゃべったことの結果を彼の身にもたらすことによって、彼を助けにきてはくれないからである。確かに、この点から見れば、黙っているのはしやすいことである。(六七頁)

この部分は、この翻訳のままでは、たぶん意味がわからないでしょう。とりわけ「ただ一人ぼっちにされる」ということと、次の「すなわち、そのとき」以下との関係がまったくわからない。そこで、鈴木訳(講談社学術文庫)を見てみます。

なぜなら、沈黙することで、人は自分自身と向き合うことになるからだ。この場合、現実が、彼を罰することで、彼が語ったことの帰結を彼に負わせることで、彼のことを助けてくれるようなことはない。その点では確かに沈黙することは気楽である。

（鈴木訳、六一頁）

まず、ひっかかるのは枡田訳の「現実が助け（にきて）てくれる」という表現ですが、ドイツ語訳でも"…kommt ihm die Wirklichkeit nicht zu Hilfe…"となっていて、誤訳ではない。とすると、どういう意味か？　思考を巡らしてみるに、現実において人が何か不当なことを語ると、かならず責任がつきまとい、それによって社会的に罰せられ、こういうかたちで、彼はみずからの言葉の不当さを反省する。これが、「現実が助けにきてくれる」という意味だと解することができます。

こう解したあとで、二つの翻訳を並べてみますと、「ただ自分ひとりぼっちにされる」と「自分自身と向き合うことになる」、あるいは「彼を助けにきてはくれないからである」と「彼のことを助けてくれるようなことはない」など、微妙なニュアンスの違いによって、枡田訳より鈴木訳のほうが断然明晰であることがわかります。とはいえ、この箇所はまだ謎かけのような部分であって、その次にはじめてキルケゴールの意図がわかるようになります。

けれども、それゆえに、怖るべきものが何であるかを知っている人は、内面に向かって進路をとって外部にはなんらの痕跡をも残さないようなあらゆる過失、あらゆる罪をこそ、何よりも、怖れるのである。

（枡田訳、六七頁）

さて、ここを対話のための課題にしましょう。この前の箇所について、かなり詳細に解釈したので、比較的容易に読めるのではないかと思いますが。

対話7

キリスト者にとって最大の「怖るべきもの」は「神の前」で自己自身ではなかったことが暴露され、肉体の死後、魂の死を迎えることです。外形的な罪なら、痕跡が残り、私は社会によって裁かれ、そうでないとしても、誰かが私の邪悪さに気づき、非難のまなざしを向ける。そのことによって、私は自己自身に気がつく機会を得るのです。

しかし、私が外部にいささかの痕跡をも残さないような罪を犯すとき、私にはそのような機会が与えられず、最後の最後に神から裁かれるという苛酷な状態に陥る。まさに、「怖るべきこと」が生じてしまうのです。

さて、ここまでは字面から直接わかることですが、「ここから」読者の思考力が試されます。ここには、社会から排斥され裁かれる者こそが救われる、という原始キリスト教以来の考え――まさに『(新約)聖書』「マタイ伝」の「山上の垂訓」――が息づいている。社会的にいかなる制裁も受けずうまく立ち回っている者、いやみんなから尊敬されている善良で立派な市民のほうが、かえって「恐るべきもの」を抱えている可能性がある、ということが次第に見えてきます。まさに親鸞の悪人正機説に重なるところでしょう。

そして、これこそキルケゴールが言いたいことの真骨頂なのです。彼の正真正銘の敵は、異教徒でもなく、犯罪者でもなく、悪徳政治家でもなく、弱者をカモにぼろもうけしている詐欺師でもなく、懐疑論者でもなく、ニヒリストでもなく、まさに品行方正で社会的責任を果たし、善き家庭人でもあり、――日曜ごとに教会に通い、牧師の説教を真剣に聞くという――信仰の篤い善良なクリスチャンどもなのです。このことを忘れたら、キルケゴールの「叫び声」は聞こえなくなってしまうでしょう。

以上のことを少し意地悪な目線で言いかえれば、この書の第一篇の最後、神に対する「反抗」というテーマは、その言葉の響きの端々から、ヤコブのように全身全霊で血みどろになって神と格闘している自分こそ、最も「正しい」クリスチャンである、という自信と自負心が溢れているのがわかります。でなかったら、どうして彼は牧師の職を投げ打ってまでして、あるいはデンマーク国教会を敵に回すという危険を冒してまで、この書を書いたりするでしょうか？

8 冒険して（多くのものを失い、その代わりに）自己自身を失わないこと

同じように、世間の目から見ると、冒険をおかすことは危険なことである、それはなぜであろうか？　冒険すると、失うことがあるからである。そこで、冒険をしないのが、賢明なことになる。けれども、冒険をしない場合には、そのときこそ、冒険をすればどれほど多くのものを失うにしてもそれだけはほとんど失うことがないはずのものを、どんなことがあってもけっして失うはずのないものを、おそろしいほどやすやすと失いかねないのである。つまり、自己自身を、それが

まるで無ででもあるかのように、しごく容易に、まるっきり失ってしまいかねないのである。

（六七頁）

この比較的読みやすい文章の背後には、ずっしりしたキルケゴールの体験があります。

言っていることは、冒険をすれば「多くのもの」を失うが、「自己自身」は失わない、しかしこれと逆に、冒険をしなければ「多くのもの」を失わずに済むが、「自己自身」を失う、という構図的には簡単なことです。

さて、どういうことでしょうか？　冒険すれば多くを失い、しなければそれを免れる、ということまではわかるけれど、冒険をすれば自己自身を失わず、しなければ自己自身を失う、という意味がわからないのではないでしょうか？　これがわかるためには、「冒険」とは何かがわからなければならない。当然、探険家の話をしているのではなく、冒険とは人生航路における冒険であって、これにキリスト教徒の信仰が絡んでいることも確からしい。

というのも、ここにこの書のキーワードの一つである「自己自身（Selbst）」が登場してきているからです。これは、自分のなかの「永遠なもの（das Ewige）」であり、そこにおいて自分が神の前（coram Deo）」に立っていることをひしひしと感じる何かです。ということは、冒険をするとは、こうした自己自身を直視して——少なくとも見失わずに——生きることであり、冒険をしないとはそれを見放すこと、となる。

とすると、なぜ、それが「冒険」なのか、という疑問が湧き出てくるのは当然でしょう。ここで、キルケゴール自身の人生航路に目をやる必要があります。彼は、大学を卒業し、牧師になるための国家試験にも合格した後、当然、牧師になろうと決意しました。そして、レギーネという令嬢と婚約した――牧師になるには結婚しているほうが有利なのです。このころ、キルケゴールは、自分の前に洋々たる未来が開かれていると感じたことでしょう。

しかし、なぜか、一年後に婚約を破棄してしまった。そして、それを刊行したら永遠に牧師にはなれない物騒な書――すなわちこの書――を刊行してしまった。彼は教会からもよき市民からも見放されて、まさに「冒険」を開始することになったのです。こうした決断をしたのは誰であろうか？　ほかならぬ自分自身であり、しかも、「自己自身」という名の自分です。こうして、彼は「多くのもの」を失ったけれど、「自己自身」は失わなかった。逆に、彼がレギーネと結婚し牧師になったとしたら、「多くのもの」を失わない代わりに、「自己自身」を失ってしまったことでしょう。

ここまで確認すれば、あとはすらすら読めます。

おもうに、もしわたしが冒険をしそこなったとしたら、それならそれで、人生が罰を加えてわたしを助けてくれるだろう。しかし、わたしがまったく冒険をしなかったとしたら、そのときには、いったい誰がわたしを助けてくれるだろうか？

（六七頁）

ここにいたってようやく、「人生が罰を加えてわたしを助けてくれる」ということの意味がはっきりしてきます。レギーネとの婚約破棄によって、彼はコペンハーゲンじゅうの笑いものになった。もちろん、この書の刊行によって牧師の地位は去ってしまった。こういう仕方で、人生（現実）がキルケゴールに「罰を加えて」、彼を善良な市民として生きることから、すなわち神から離れることから

「助けてくれた」のです。

そのうえ、わたしが最高の意味での冒険を全然おかさないことによって（最高の意味で冒険するというのは、自己自身に注意するということにほかならないのである）、卑怯にも、あらゆる地上的な利益を獲得するとしたら——そしてわたし自身を失うとしたら、どうであろう！

（六七—六八頁）

この箇所では「最高の意味での冒険」と言っていますが、まさにこれこそ先に挙げた「自己自身」が決断したような冒険でしょう。言いかえれば、冒険と言っても、これほど劇的な冒険ではないものもあるらしいということです。

すでに述べたように、私は大学に入ってすぐに法学部に進むことをやめて教養学部教養学科の科学史科学哲学分科に進みました。その動機を掘り下げると、「明日、死んでしまうかもしれないのに」という思いがあり、法学など学んでも仕方ない、世界の根本的秘密を教えてくれる哲学しかない、と考えたのです。キルケゴールに比べると微小なこの決断も、やはり私にとっては冒険であり、まさにこれによって自分は「多くのもの」を失った。「自己自身」を失わなかったかどうかはわかりませんが……。

有限性の絶望とは、まさにこのようなものなのである。こういうふうに絶望していればこそ、人間はけっこう、実をいえば、絶望していればいるだけそれだけけっこう、時間性《このよ》でのんびりと暮らしてゆけるのである、ひとかどの人間として見られ、他の人々から賞讃されたり、尊敬されたり、名声を博したり、あらゆる時間性《このよ》の仕事にたずさわってもいられるわけなのである。実際、世間と呼ばれているものは、いってみれば、この世に身売りしているそういう人々ばかりから成り立っているのである。彼らは彼らの才能を用い、金銭を貯え、世間的な仕事を営み、賢明に打算し、などして、もしかしたら、歴史に名を残すことさえあるだろう。しかし彼らは彼ら自身ではない、彼らは——その他の点でいかに自己的であろうとも——精神的な意味では自己をもっていない、そのためなら一切を賭けることができるというような自己を、神の前に立つ自己を、もっていないのである。

（六八頁）

よくぞ言ってくれた、という思いです。私は少年のころから、シーザーやナポレオン、源頼朝や徳川家康などの英雄、ニュートンやダーウィンのような偉大な科学者も、そんなに偉いと思っていなかった。ベートーヴェンやピカソのような大芸術家や、オリンピックの選手もただの特殊才能と思っていた。なぜなら、やはり彼らも死んでしまい、その偉業は虚しいからです。いまだから、ああ、そうかとも思えますが、これをキルケゴールの言葉で言いなおすと、彼らが「死」と格闘し、それを克服しない限り、「精神的な意味で自己をもっていない」からなのですね。

「有限性の絶望」とは、冒険して「自己自身」を取り戻す代わりに「多くのもの」を失わないように、いつも細心の注意を払い、しかも自分のことのみならず、たえず他人や組織や社会のことも考え、しかもまじめに教会に通っている、善良で立派な市民の生活態度です。

このあとも、ほぼ同じ生態記述ですから、解説することもないでしょう。なお、この部分はあとで書き換えたようです〔訳注〔桝田注（66）〕参照〕。ここで、はっきりルターの言葉、「神の前（coram Deo）」が出てきました。

三　可能性と必然性

1　可能性――必然性の規定のもとに見られた絶望

「b　可能性――必然性の規定のもとに見られた絶望」（六八頁）からです。いつものように？――いきなり、謎かけのような、しかも断定的な文章が眼前に現われます。

> 生成するためには（そして、もちろん、自己は自由に自己自身に成るべきものである）、可能性と必然性とがひとしく欠くことのできないものである。自己には、無限性と有限性（アペイロン――ペラス）が属しているように、可能性と必然性もまた属している。可能性をもたない自己は絶望しているのであり、また、必然性をもたない自己も同様に絶望しているのである。
>
> （六八―六九頁）

これだけでは、ほとんど何もわからないでしょう。「アペイロン」などのギリシャ語がわからない人は訳注〔桝田注（67）〕を見てください。ほとんど唯一のヒントは、「自己は自由に自己自身になるべきものである」という文章でしょうか？　そして、キルケゴールの場合、「自己自身」とは自己における「永遠なもの」であり、とすると「自己自身になる」とは、この「永遠なもの」を通じて神の前にあり、「死にいたる病」（絶望）から救済されることであるはずです——こう図式的に書くとウソ臭くなり、まさにキルケゴールがしているように、弁証法を駆使した力強い言葉で書かねばなりませんが。

この後、αの全体を読み終わって、ようやくキルケゴールの真意がわかるような印象ですが、それを読者には要求できないので——キルケゴールの意図には反するかもしれませんが——あえてここで道標として、これから進むべき方向を示しておきましょう。

可能性と必然性という論理学の概念（様相概念）を使っているのですが（〔桝田の訳注（49）〕でも指摘していますが）、彼は抽象的な概念にきわめて具体的な意味を盛り込んでいる。この手法はヘーゲルから学んだものですが、さらにヘーゲルを超えて極端に具体化している。しかも、読者泣かせなのですが、AのC「絶望の可能性と必然性」とはまるで違うパースペクティブのもとに置いているのです。すなわち、実存主義の生命線として、がんじがらめに個人を抑えつける社会規範や慣習から、潔くみずからを解き放って、「自由であること」を賞賛したい。しかし、やはり信仰には厳しい拘束があり、あとで出てきますが個人に服従さえ求めます。可能性という概念が「生成」における前者の側面を、必然性という概念が後者の側面を表わしているのです。

さらに、こういう一般的道標と並んでぜひとも必要なのは、キルケゴール自身の人生という特殊な道標です。可能性のところは、彼自身の青年時代の体験を重ねあわせると、それなしではぼんやりとしていた画像が突如ヴィヴィッドになる。何度も言いますが、この書には、絶望から解放された「アンティ・クリマクス」と、絶望に喘いでいたかつての自分、すなわち「セーレン・キルケゴール」とが二重写しのように登場してくるのです。

ここからαに入りますが、ヘーゲルをあれだけ軽蔑しているのに、まさにヘーゲルと見まごうばかりの悪文が連なっています。

2　可能性、必然性と自己自身になるということ

α　可能性の絶望は必然性を欠くことである

こういう関係になっているのは、さきに示されたように、弁証法的なものに基づいていることである。

有限性が無限性に対する限定者であるのと同じように、可能性に対してこれに対抗するものは必然性である。自己が有限性と無限性との綜合として措定せられ、いまから生成しようとして、可能的ニ存在する場合、自己は空想を媒体としてみずからを反省するが、それによって、無限の可能性が表われてくる。（六九頁）

その「弁証法」ですが、ちらりとでも何かがわかったでしょうか？　可能性と必然性とが対立していること、また、以前からの知識によって、自己が有限性と無限性との綜合であることがわかっただけではないでしょうか？　つまるところ、この二つのペアの関係はさっぱりわからない。しかし、キルケゴールはこの関係をペンディングにしたまま、一挙に「可能的ニ存在する場合、自己は空想を媒体としてみずから反省するが、それによって、無限の可能性が表われてくる」と宣言している。

先のaで見た「有限性を欠く無限性の絶望」に似ているけれど、ここでは悲劇の主人公ではなく、ごくふつうの人が「自己自身になる」という目標を掲げて、「空想を媒体として……反省する」場合を考えているらしい。このあたりはどうにかわかります。では、このあとの文章がわかりましょうか？

自己はむろん自己自身であるが、しかしまた、自己自身となるべきものでもあるからである。自己が自己自身であるかぎり、自己は必然的なものであり、自己が自己自身になるべきものであるかぎり、自己は可能性である。（六九頁）

この文章は、人間存在には「自己自身である」という必然的側面と「自己自身となるべきである」という可能的側面とがある、という考えに基づいている。しかし、常識的には、「自己自身である」ことと「自己自身となるべきである」こととは、両立しないように思われる。いや、後者こそ生きていくことであって、前者はその目標＝到達点であるように思われるのではないでしょうか？

しかし、こう考えたくなるのも、神という視点を捨てて、人間という視点に絞ったからです。実際、サルトルの場合、人間存在は可能性だけで自足している。私には、何が自己自身であるか、具体的な行為を通じてしかわからない。しかし、キルケゴールは「大地震」の体験（この書一七頁を参照）を経て神と出会っているのであって、狂信的と言っていいほどのクリスチャンだということを忘れてはならない。「すべてを見通している神」という視点は、いつもキルケゴールにつきまとっているのです。よって、神の視点からは、「自己自身である」ことはすでに決定されている、という意味で必然性なのですが、人間としての私の視点からは、それはいつも可能性に留まる。こういう二重の視点が自然に開かれているのが、キリスト教の人間の見方です。

そのうえで、キルケゴールが目指ざすのは、この対立を止揚して一段高いところで弁証法的に統一し、現実性にいたることなのです。ふつうは（ヘーゲルでは）、可能性↓現実性↓必然性というふうに高まっていくのですが、あえてキルケゴールがこれに反したことについては（訳注〔桝田注（49）〕にもありますが）、しかるべき箇所で解説します。

以下の文章も神の視点を入れれば、すらっとわかる。

ところで、可能性が必然性をあとにして独走すると、自己は可能性のなかで自己自身から逃亡し、かくして、自己の帰るべき必然的なものをなんらもたないことになる、これが可能性の絶望である。このような自己は抽象的な可能性となる、自己は可能性のなかでもがきにもがいて疲れはてる、しかし、この可能性の場所から歩み出ることも、どこかの場所にゆきつくこともない。ゆきつく場所とは必然的なものにほかならないからである。（六九―七〇頁）

人間的視点だけから、「どうすれば自己自身となるべきなのか？」と問うていくと、「可能性が必然性をあとにして独走」してしまい、「自己は可能性のなかで〔本来の〕自己自身から逃亡し、かくして、自己の帰るべき必然的なもの〔神の視点から自己自身であること〕をなんらもたないことになる」のです。たしかに、神の視点と言わないまでも、確乎たる何ごとか（X）を抜きにして、「どうすれば自己自身となるべきなのか？」と問うても、いつまでも正解は得られず、「もがきにもがいて疲れはてる」

だけ。あるいは、サルトルの言うように、世間の基準に従った何かを「自己自身」と勘違いして、それにしがみつくだけです（自己欺瞞）。

ここまで解釈すると、「この可能性の場所から歩み出ることも、どこかの場所にゆきつくこともない。ゆきつく場所とは必然的なもの〔神の視点〕にほかならないからである」というのもわかりやすいでしょう。

> 自己自身になるということは、つまり、その場所での運動にほかならない。生成することは、その場所からの運動である。しかし、自己自身になることは、その場所での運動なのである。
> （七〇頁）

この部分は難解です。訳注〔桝田注（71）〕がありますが、それを読むともっとわからなくなる（?）。とはいえ、概要はつかめます。「自己自身になること」と「生成」との違いであるとすると、「生成」とは「他の何かになること」を意味するに違いない。前者は「その場所から〔他の場所へ〕の運動」であり、後者は「その場所での運動」です。こうして、カギを握るのは「場所」という言葉ですが、これまでの記述からして、必然性の場所でしょう。

と、ここまでくると、一挙に展望が開ける。すなわち、「生成」とは「自己自身になるべきである」という可能性の運動であって、それは、本来の自己自身の場所（必然性）を忘れて、「その場所から他の場所へ」と何かを自己自身の外に求めて次々に運動することです。これに対して、「自己自身になること」が「その〔必然性の〕場所での運動」であることはいいでしょう。

ぼく（私）は、「何になるべきなのだろう？」と、他のところに「青い鳥」を探しまわり、疲れ果ててわが家に戻ったら自分の部屋にその鳥がいた、というメーテルリンクの童話が思い出されます。

3　可能性の増大と蜃気楼

こうした「必然性を欠いた可能性の絶望」が増大するとどうなるか、という顚末部分はすらすら読めるでしょうから、解説は省きます。

このようにして、可能性は自己にとってだんだんと大きくなってくるように思われ、だんだんと多くのことが可能的になってくるが、それは何一つ現実的とはならないからである。ついには、一切のものが可能であるかのように思われてくるが、そのときこそ、深淵が自己を呑み込んでしまったときのことなのである。（七〇頁）

ぼく（私）には、あれをすることもこれをすることも、あれになることもこれになることも可能だ！こうして、日々、可能性の広大な領野を思考が駆けめぐるだけであって、「何一つ現実的とはならない」まま、それで終わりなのです。

あとは、さらに具体的に書いています。引用するまでもないのですが……。

どのような小さい可能性でも、現実となるためには、つねにどれほどかの時間を必要とするであろう。ところがここでは、現実性のためについやされるべき時間が、結局、だんだんと短くなり、すべてがいよいよ瞬間的になっていくのである。可能性はだんだんと強度を加えてくる。しかしこれは可能性の意味においてであって、現実性の意味においてではない。というわけは、現実性の意味においてなら、強度とは、少なくとも可能的なものの何かが現実的となることだからである。いま何かが可能なものとして表われる、するとそこにひとつの新しい可能性が表われる、ついには、これらの幻影が次から次へとやつぎばやに起こってきて、どんなことでも可能であるかのように思われてくる、そしてこのときこそ、個人がみずからまったく一つの蜃気楼になりきった最後の瞬間にほかならないのである。　（七〇―七一頁）

ただし、このすべてが、若きキルケゴールの生態そのままだということを見逃してはならないでしょう。こういう点を強調して解釈すると、「可能性」とは次々に一瞬の快楽――あるいは生きがい――を求めるドン・ファンのような美的生活そのものであるかもしれません。

4　可能性と必然性の統一としての現実性

いましばらくは「現実性の欠けている可能性の絶望」の話が続きます（七一頁以下）。

ここでいま自己に欠けているものは、いうまでもなく、現実性である、そこで事実また一般にも、或る人が非現実的になった、などという言い方がされるのである。しかし、もっとよく見てみると、彼に欠けているものは、実は必然性なのである。すなわち、哲学者たちが説くように、必然性が可能性と現実性との統一なのではなく、そうではなくて、現実性が可能性と必然性との統一

なのである。（七一頁）

すでに触れましたが、一般に「哲学者たち〔ヘーゲル〕」が説くのは、可能性↓現実性↓必然性という弁証法的な高まりなのですが、キルケゴールはここで、可能性↓必然性↓現実性という弁証法的な高まりを提起している。「必然性が可能性と現実性との統一なのではなく、そうではなくて、現実性が可能性と必然性との統一なのである」というわけです。

なぜ、キルケゴールはこう提起するのか？　前に、「しかるべき箇所で解説します」と約束しましたが、もったいぶることもない。彼にとって、「いまこう生きている現実のこの私の存在（実存）」こそ、すべての弁証法的論理が収斂する最高段階だからです。なお、訳注〔桝田注（73）〕に長い解説がありますが、なぜ最高の段階が「現実性」なのかという説明は最後の一行だけで、「キルケゴールによれば、これが人間の自己実現にほかならないのである」というわけですから、まあ同じことでしょう。

というわけで、「現実性」から見返してみると、「可能性」と「必然性」とは、「現実性」という「統一」を形成するという対極的な意味をもってくる。

そして、「必然性を欠いた可能性の絶望」は、「この私」に——肉体的にも魂的にも——事実こう与えられた残酷さから目を背けて、その無限の可能性にばかり目を向ける。自分にはあれもできる・これもできる——あれもできたはずだ・これもできたはずだ——と言って、壮大な想像的可能性に賭ける。もちろん、このことがいつか虚しくなり、夢破れて絶望するのですが、むしろ「この私」から目を背けているこの態度そのものが絶望的なのです。

これに対して、「可能性を欠いた必然性の絶望」とは、同様に具体的な「この私」を見ようとしないで、いつも人間一般の観点からしか物事を見ずに、すべては神の決定によるというかたちの諦めと平静さ——これがすなわち絶望的なのですが——のうちにいる。

ここまで整理すると、これら両者の「統一」である「現実性」とは、まさに具体的な「この私」の具体的あり方（実存）に目を向けることなのですが、これが簡単そうでいて、じつは最も難しい段階であることもわかりましょう。

また、自己がこのように可能性のなかをさまよい歩くのは、単に力の不足なのでもない。少なくとも、ふつう理解されているような意味での力の不足と解されてはならない。そこに欠けているものは、実は、服従する力なのである。すなわち、自分の自己のうちにある必然的なもの、これは、自己の限界とも呼ばれるべきものであるが、この必然的なもののもとに頭をさげる力なのである。（七一頁）

「自分の自己のうちにある必然的なもの」とは、これまで何度も言った、「永遠なもの（das Ewige）」であって、「可能性のなかをさまよい歩く」者に徹底的に欠けているのは、——断じて教会や牧師にではなく——「この必然的なもののもとに頭をさげる力」なのです。

それゆえに、不幸なことは、そのような自己がこの世でひとかどの者にならなかったということでもない。そうではなくて、不幸なことは、彼が自己自身に気づくにいたらなかったということ、彼がそれである自己が、まったく特定の或るものであり、したがって必然的なものであるということに、気づくにいたらなかったということなのである。それとは逆に、この自己が可能性のなかで自己を空想的に反省したがために、彼は自己自身を失ったのである。

（七一頁）

ここは、注意して読まねばならない。というのは、「自己自身」という言葉に、キルケゴールはいわば二重の意味――それは究極的には一重なのですが――を付与していて、われわれは「自己のうちにある永遠なもの」をけっして具体的な「この私」と切り離された存在とみなしてはならないからです。

たしかに、「ひとかどの者（etwas in der Welt）」に成るか成らないかが問題ではないのですが、肉体をまとったこの醜悪な自己とは別に自分のなかに光り輝く（？）「永遠なもの」という名の「自己自身」が横たわっているわけではない。前者と後者は一体なのであり、自己自身とは、醜悪な肉体と魂を与えられた「この私」であり、その「うち」に「永遠なもの」が存している、というわけです。

キルケゴールに則して言いかえますと、セムシや穢れた血を忘れ去って、――不死や救いといった――もっと精神的で普遍的な事柄に目を向けるのではなく、まさにセムシであり、穢れた血が体内に流れている「この私」の「うち」に「永遠なもの」である自己自身が潜んでいる、このことを自覚することなのです。こうした視点を見失わなければ、「必然性を欠いた可能性の絶望」における「必然性」とは、最も具体的には、人間としての「この私」に与えられたもの（神が与えたもの）と言えましょう。

ついでにここで言っておきますと、――次のβのテーマなのですが――これに対して逆の「可能性を欠いた必然性の絶望」とは、敬虔なクリスチャンに見られるように、セムシも穢れた血もすべてが神の決定だとして、あまりに素直に「この必然的なもののもとに頭をさげる」態度です。サルトルなら自己欺瞞の極致と言うでしょうが、まあ、気弱で怠惰な絶望です。しかし、まさにこれが、世間で言う、「善きクリスチャン」の態度なのであり、この書でキルケゴールが標的にするのは、まさにこういう人種だと言っていいでしょう。

以上の考察によって、「可能性」と「必然性」との統一としての「現実性」とは何か、がわかってくる。それは、一見真逆なもの、「肉体をまとった醜悪なこの私」と「自己自身のうちにある〈永遠なもの〉」との統一にほかならない。どこまでも解消されない、一方に吸収されない、まさに弁証法的統一にほかならないのです。

さて、ちょっと解説のほうがテキストより行き過ぎたようですが、ここまで構図を明確にしておくと、このあとはかなり理解しやすくなります。

5　鏡のなかに見る自己自身

このあとで「鏡」の比喩が出てきますが、鏡はいつでも――とくにヘーゲルにおいて――自己意識の反省の比喩です。出だしにおいても、鏡で「自分の姿を映すこと」と「自己自身を知ること」とが初めから重ね合わされている。

> すでに鏡のなかで自己自身を見るためにも、自己自身を知っていなくてはならない。だって、もしそうでなければ、自己自身を見ているのではなくて、ただひとりの人間を見ているにすぎないことになるだろう。
>
> （七一―七二頁）

さきほど解説したように、「必然性を欠いた可能性の絶望」においては――じつは「可能性を欠いた必然性の絶望」においても同じなのですが――、鏡のなかの像を見ていても「この私」を見ようとしない。「自己自身を見ているのではなくて、ただひとりの〔誰とでも交換可能な〕人間を見ているにすぎない」のです。しかし、次の箇所でキルケゴールは、「可能性」のさらに深部に足を踏み入れている。

ところが、可能性の鏡はふつうの鏡ではない、この鏡はきわめて慎重に用いられなければならない。なぜかというに、この鏡については、最高の意味で、それは真実でない、と言えるからである。自己が自己自身の可能性のなかでこれこれに見えるということは、半分の真理でしかない。なぜかといえば、自己自身の可能性においては、自己はまだ自己自身から遠く離れており、あるいは、ただ半分だけ自己自身であるにすぎないからである。(七二頁)

「必然性を欠いた可能性の絶望」は、そもそも「この私」に目を向けないのですが、たとえ目を向けても、しっかり細部にわたって観察しても、「自己自身から遠く離れており、あるいは、ただ半分だけ自己自身であるにすぎない」のです。しかし、このあとを読んでいくと、βにおいては「必然性」と「可能性」との関係がαとは異なっていることに気づきます。

そこで問題は、自己のこの必然性が自己をもっと正確にはどのように規定するか、ということである。可能性というものは、子供が何かの楽しみに招かれる場合に似ている、子供はすぐさまその気になる、ところが、両親がそれを許すかどうか、問題はそこにある――この両親にあたるもの、これが必然性なのである。

（七二頁）

この喩えがわかりましょうか？　少なくとも、これまでの「可能性」と「必然性」との意味了解ではさばき切れないでしょう。これも前に示したのですが、「可能性」は人間の視点であり、「必然性」は神の視点である、という二重性を思い出せばいい。そして、子供＝人間、大人＝神という置き換えによって、はじめてこの喩えの意味もわかってきます。

このあと、可能性のなかを「さまよい歩く」（七二頁）、「二つの仕方」（七二頁）が分類されていて、その一つは「願望的、希求的な形態」（七二頁）であり、もう一つは「憂鬱的、空想的な形態」（七二頁）ですが、前者は読めばわかるので解説を割愛します。というわけで後者です。

――憂鬱の場合には、それと反対のことが、同じようにして起こる。個人は憂鬱な愛情をいだいて不安の可能性を追いかける、ところがこの可能性はついには彼を彼自身から遠く引き離してしまい、そこで彼は不安のなかで身を滅ぼす、あるいは、そこで身を滅ぼすのではあるまいかと彼が不安に思っていたそのもののなかで身を滅ぼすにいたるのである。

（七三頁）

さて、ここを対話のための課題にしましょう。それほど難解ではありませんが、この箇所が正確に読解できれば、キルケゴールの思想の核心をかなり把握していることになる。逆に、できなければ、雰囲気だけはつかんでいても、どうも、足もとがふらふらしていて核心をつかむにはいたっていない、ということになりましょうか？

とはいえ、それほど簡単ではなく、「あるいは」以下はかなり難しい。そして、そこを正確に解さないと、この引用文全体の意味がぼやけてしまうのです。

対話8

「そこで身を滅ぼすのではあるまいかと彼が不安に思っていたそのもののなかで」とは何でしょうか？　この原文（ドイツ語）はわりと込み入っています。"…,darin umkommt, wovor ihm Angst war, umzukommen." であって、直訳すると「それに対して〔それの前で〕彼が身を滅ぼすという不安を覚えていたのだが、まさにそのなかで」となります。

すなわち、「それ」とは「永遠なもの」を含む自己自身であって、「不安に思っていた」という過去形にも注意。すると「彼は〔可能性に駆られた〕不安のなかで身を滅ぼす」のですが、同時に「それに対して不安を覚えていた」、まさに「それ」、すなわち「自己自身」のなかで身を滅ぼすということ。

なお「身を滅ぼす」と訳された原文（ドイツ語）は "umkommen" であって、もともとは「事故や災害で死ぬ」という意味です。この場合は、思わず――自己自身のなかの永遠なものから離れてしまい救済されない、という意味でしょう。

というわけで、もう一度全体の筋を辿ってみると、こういう人は何かの拍子に憂鬱になり、不安を覚えると、ますますその不安を拡大していく。しかもナルシスティックな気持ちにどっぷり浸かって、俺は何とかわいそうな男だろう（！）と嘆く。「この可能性はついには彼を彼自身から遠く引き離してしまい」というわけですから、これ自身が身を滅ぼす行為ですが、さらに悪いことに、自己自身の前で不安を覚えながらも、自己自身のなかの永遠なものからますます離れていき、「身を滅ぼすにいたる」のです。

つまり、キルケゴールが言いたいことは、ナルシスティックな憂鬱のなかで身を滅ぼすことは、結局は自己自身の前で不安を覚えているからなのであって、それによって自己自身のなかの永遠なものから遠ざかってしまい、身を滅ぼす――救済されない――ということです。

なお、一つ質問がありました。キルケゴールは、人間は有限であるはずなのに、そのなかに永遠なものがあると想定しているのは矛盾だ、という内容でしたが、キルケゴールは人間を有限と決めつけてはいない。有限と無限とを対立的にとらえてもいません。

彼は、――カントなどと異なって――筋金入りの熱烈なクリスチャンですから、人間は無限の神が創造したと信じているし、人間に信仰によって永遠の生命が与えられることも信じている。よって、人間はもともと自己自身のうちに――可能的に――無限（永遠なもの）を有しているのです。そして、それにどう気づくか、またそれをどう扱うかによって、真に（現実的に）救済される（永遠の生命を得る）かどうかが決まってくる、というのでしょうね。こう書くと安っぽくなりますが（？）。

6　まったく新しい「可能性」

β　必然性の絶望は可能性を欠くことである

可能性のなかをさまよい歩くことを、子供が回らぬ舌で母音を発するのにたとえるなら、可能性を欠くことは、いわば黙っているようなものである。必然的なものは、子音だけのようなもので、これを発音するためには、可能性が加わらなければならない。可能性が欠けるとき、人間の生活が可能性を欠くにいたるとき、その生活は絶望しているのである、そして、可能性を欠く瞬間ごとに、絶望しているのである。（七三頁）

αの終わりに子供の譬えが出てきたのですが、それはβにも継続されて、ここでは「可能性のなかをさまよい歩くことを、子供が回らぬ舌で母音を発する」ことに譬えている。そして、「必然的なものは、子音だけのようなもの」ですから、「いわば黙っているようなもの」だと裏に何かありそうなことを語っている。

さて、何のことでしょうか？　こういううまい比喩を見出したとき、キルケゴールは愉快でたまらないと言わんばかりにどんどんのめり込んでいくのですが、この比喩を「人間の生活が可能性を欠くにいたるとき、その生活は絶望している」というかたちで結ぶことまで見届けると、彼の意図がわかってくる。

この比喩が、「アア」とか「ウウ」というように母音を多用する子供（幼児）と、極端にいえば母音を使うまいと子音だけでしゃべろうとして——しゃべれないので——沈黙してしまう大人との対比であることはいいでしょう。

この比喩は、後者から攻めていくとわかります。すなわち、子供じみた幻想・空想（可能性）を一切語ることなく、しっかり現実世界に目を見据えて着実に生きる大人ども、すなわち無用なことは何も語らずに、「沈黙して」教会に従っている立派で賢いクリスチャンどもです。とはいえ、キルケゴールが前者、すなわち子供に手放しで賛同するわけではないことは、これまでの記述からしてわかります。

ところで、ふつうには、特に豊かに希望をもつ年頃というものがあると考えられている。あるいは、人はよく自分の生涯の或る時期、或る瞬間には、希望と可能性が非常に豊かであるとか、豊かであったとかと言う。けれども、こういうことはすべて人間的な言いぐさにすぎないのであって、真実ではない。すべてこのような希望やすべてこのような絶望は、まだ真の希望でもなければ、真の絶望でもない。（七三—七四頁）

さっきの続きを語ると、といって——かつてのキルケゴールのように——こういう真面目なクリスチャンどもをせせら笑って、好き勝手に妄想に耽っているのは、やはり神という視点からではなく、人間という視点から世界を見ているのであって、「すべて人間的な言いぐさにすぎない」のであり、「まだ真の希望でもなければ、真の絶望でもない」のです。

そして、この直後に、どんでん返しというか、これまでとはまったく異なった、とんでもない「可能性」概念が登場してくる。

決定的なことは、神にとっては一切が可能である、ということである。これは永遠に真理であり、したがって、あらゆる瞬間に真理である。人はよくそういうことを日常の慣習《ならわし》として口にするし、また日常の慣習としてなにげなくそう言われるが、しかし、人間がぎりぎりのところまで押しつめられて、人間的にいって、もはやいかなる可能性も存在しなくなるとき、そのときはじめて、そのことばは決定的な意味をもってくる。（七四頁）

内容はこの通りであって、よくわかるのですが、これまでの連関をここに読み込むと、これまで子供の「可能性」と大人の「必然性」とを対比して論じてきたのですが、ここにいたって、キルケゴールは、両者の差異性を呑み込んでしまうほどの新たな「可能性」へと読者を導いていることがわかります。

それは、「神にとっては一切が可能である」という「可能性」です。すなわち、キルケゴールは、「大人」ども――教会の指示する通りに安心して振舞っているクリスチャンども――に向かって、「どんなことでも起こりうる」という爆弾を投ずる。神の意志により、いかなる「必然性」も崩壊する「可能性」を突きつけるのです〔訳注〔桝田注（75）〕参照〕。

これは、いかなるクリスチャンも否定できませんから、安心しきって教会に通っている真面目で賢い大人どもを目覚めさせるのに効果的です。もっとも、甘く都合のいい「可能性」に酔いしれている子供に対しても、はるかに苛酷な「可能性」を突きつけるという効果もありますが。

そのとき、神にとっては一切が可能であるということを信じようと欲するかどうか、すなわち、そもそも人間が信じようと欲するかどうかが、のっぴきならぬ問題となる。しかし、信じようと欲するということは、悟性《しょうき》を失うことを表わす公式にほかならない。信じるとは、まさに、神をえるために悟性《しょうき》を失うことを言うのである。（七四頁）

このとき、われわれは、ありとあらゆる「悟性〔人間的なまともな考え〕を失う」のであり、それとはまったく異なった神の視点を獲得するのです。これが、すなわち「現実性」の段階に達したことを意味すると見ていいでしょう。

四　神にとっては一切が可能である

1　絶望状態に留まりたがる人

次のような場合を考えてみよう。恐怖の戦慄にすっかり怯《おび》えきった想像力によって、何か怖るべきものを、これだけは絶対に堪えられないと想像している人があると考えてみてもらいたい。ところでそれが彼の身にふりかかってくるとする。まさにその恐ろしいことが彼の身にふりかかってくるとする。人間的にいえば、彼の破滅は何より確かなことである――しかも、彼の魂の絶望は、絶望の許しをえようとして、いうならば、絶望のいこいをえようとして、絶望に対する、また絶望における全人格の同意をえようとして、絶望的に戦うのである。（七四頁）

キルケゴールがここで取り上げているのは、誰でも知っているような人間心理です。「恐ろしいことが彼の身に降りかかってくる」と、彼はそれを怖れながらも、それを許容しようとする、いやそれが去ってしまうことに全身で抵抗する。これが「絶望に対する、また絶望における全人格の同意をえようとして、絶望的に戦う」ということの意味です（訳注〔桝田注（76）〕参照）。

大方の人は、ひどい絶望状態に陥ると、それからの解放を望まなくなる。むしろ、ナルシスティックにいつまでもそこに留まっていたいと願うようになる。これって、ほとんどすべての社会的不適格――とみなされた――者に当てはまるようです。医者から何か精神医学における病名をもらうと、ほっと安心する。そして、そこから抜け出たくないと思う。ちょっと甘美な気持ちに浸されて、ますます自分を哀れんで満足するのです。

それだから彼は、彼の絶望を妨げようとする人、彼の絶望を妨げようとする試み以上には、いかなる人をも、いかなる物をも、呪いはしないであろう。この状態を、詩人のなかの詩人は、すばらしく、比類なく巧みに、描き出している（「従兄弟《そら》、いまいましい奴め、絶望のこころよい道から連れ出しおって」『リチャード二世』第三幕第三場）。こういうわけだから、人間的にいえば、救済は何よりも不可能なことである。（七四―七五頁）

このような心理描写にかけては、キルケゴールは天下一品です。自分のなかの才気がざわざわとうごめき出す。「彼の絶望を妨げようとする人、彼の絶望を妨げようとする試み以上には、いかなる人をも、いかなる物をも、呪いはしない」とは回りくどい表現ですが、要は「彼の絶望を妨げようとするいかなるものも、他のもの以上に呪いはしない」ということ。そして、シェイクスピアからの引用ですが、これは解説しなくてもいいでしょう。

キルケゴールの魅力は、まさに「ここ」にあるように思います。ニーチェやサルトル、あるいはカミュには、——自分自身を含め——絶望に陥った者を手玉にとって茶化すところはない。キルケゴールはほとんど呻き声を上げて絶望しながらも、そうした自分を突き放して見て、「楽しんでいる」ところがあるのです。

2 人間的可能性と神にとっての可能性との弁証法

このあと、一挙に風向きが変わります。ここで思い返してみると、いまは「必然性の絶望は可能性を欠くこと」を分析しているのですが、これに突然、「神にとっての可能性」という異質なものが突撃してくる。

しかし、神にとっては一切が可能なのである！　これが信仰の戦いである、それは、いうならば、可能性をうるための狂気の戦いなのである。というのは、可能性のみが唯一の救いだからである。気絶した人があると、水だ、オードコロンだ、ホフマン滴剤だ、と叫ばれる。しかし、絶望しかけている人があったら、可能性をもってこい、可能性をもってこい、可能性のみが唯一の救いだ、と叫ぶことが必要なのだ。可能性を与えれば、絶望者は、息を吹き返し、彼は生き返るのである。なぜかというに、可能性なくしては、人間はいわば呼吸することができないからである。

（七五頁）

この部分は、それまでの部分とどのように関係するのでしょうか？　とくに「気絶した人」とは何なのでしょう？　さて、これを対話のための課題にしましょう。

対話9

この文章は、ナルシスティックに絶望状態に留まり、そこからたたき起こそうとするものをことごとく呪う、という態度をとる男——女でもいいのですが——に対して、「神にとっては一切が可能なのである」という連なりを読み解けばいいのですが、ここに潜む危険はこれを外形的にわかってしまうこと。つまりここは、彼および「オードコロンをもってこい！」と叫ぶ人の内面に降り立って、わからなければならないのです。

とくに、大部分の日本人はこういう「可能性をうるための狂気の戦い」を実践してはいないでしょうから、なおさらどこかで聴いたことを繰り返して答えてはならず、実感に問いかけて、わかることとわからないこととを区別しながら、慎重にそして誠実に答えなければならない。

まず、これを解読するには、あらためて「可能性」と「必然性」との関係をしっかりつかまなければならない。こういう状態に陥った男は、こうした絶望状態を「必然性」と思いこんで気絶しているのですよ。「水だ、オードコロンだ、ホフマン滴剤だと叫ばれ」、それによって「息を吹き返すかもしれない」し、そうではないかもしれないのですが、この際、彼がいわば自分から望んで息を失うにいたったことに注目しなければならない。

ですから、たまたまオードコロンによって息を吹き返しても、彼はまたいつか気絶するでしょう。あるいは、オードコロンを嗅がされていると知ったら、彼はそれを払いのけて必然性にしがみつき、ふたたび気絶するかもしれない。そして、彼はこれを、何度も、息を吹き返すことがなくなるまで繰り返すでしょう。これが、まさに「必然性の絶望は可能性を欠くことである」という状態なのです。

そして、このあとに、突如、「可能性のみが唯一の救いだ」という文章が続くのですが、ここで「唯一」と「救済」という文字に敏感に反応しなければならない。すなわち、ここをオードコロンでは彼に息を吹き返させることはできない、やはり神の力によるしかない、と単純に読んではならないのです。ポイントは、神に由来する独特の「可能性」は、こうした必然性を望んでいる彼の態度自体を根本的に変えるものだということ。

とすると、次の「可能性を与えれば、絶望者は息を吹き返し、彼は生き返るのである」という文章の真意は、単に彼がこの絶望状態から生き返るということではなく、必然性の絶望状態に陥ること一般から生き返るという意味でなければならないでしょう。ですから、そのあとの「呼吸する」も、単なる生理現象を意味しているのではなく——必然性の絶望状態にある彼も、生理現象としての呼吸はしていますから——、神の可能性を信じて生きるという意味で「呼吸する」ことでなければならない。まさに「〔神の〕可能性なくしては、人間はいわば〔真の意味で〕呼吸することができない」ということです。

次に進みます。

ときには、人間の空想力の創意だけで可能性を招来することもありえはする、しかし、結局は、つまり、信じることが問題となる場合には、神にとっては一切が可能である、ということだけしか役には立たないのである。（七五頁）

こうして、彼は「神にとっては一切が可能である」という新たな「可能性」を信じるしかないのであり、それを知っているのですが、彼はなおも「戦い」続けるのでしょう。

このようにそこで戦いがおこなわれる。このように戦う者が滅びてゆくかどうかは、ひとえに、彼が可能性を招来しようと欲するかいなかに、すなわち、彼が信じることを欲するかいなかにかかっている。しかも彼は、人間的にいえば、彼の破滅がなによりも確かであることをわきまえているのである。これが信じるということのなかにある弁証法的なものである。（七五頁）

このあたりのロジックは、この書の第二篇〔『てってい的にキルケゴール　その三』近刊〕の終わりごろに登場してくる、「絶望して自己自身であろうとする絶望　反抗」（この書一二六頁以下）とほぼ同じです。つまり、文章のシャープさに反比例して、この書の構成はきわめて杜撰だということ。あえて誇張していえば、キルケゴールはまさにこのこと（神に対する反抗）を言いたいがためにこの書を書いたとすらみなせるでしょう。

「弁証法的なもの」、すなわちキルケゴールは、一方で、人間的には「もう自分には可能性などない」として甘美な気分に浸って絶望にしがみついている、しかし、そうしながら他方では、神の可能性を信じる、という矛盾です。

すでに「こうして、彼は『神にとっては一切が可能である』という新たな『可能性』を信じるしかない」と書きましたが、あらためて整理しておけば、「人間の空想力の創意だけで可能性を招来することもありえはする」という可能性と、「神にとっては一切が可能である」という可能性とは質的に違うということ。

前者を可能性①とし、後者を可能性②とします。彼は「可能性を欠いた必然性」という絶望状態に陥っているのですから、ここから抜け出るには、可能性①にしがみつくのではなく、可能性②を求めるしかないということ。つまり、キルケゴールは四頁ほどのあいだに、このことを、手を変え品を変えて語っているというわけです。

ここまでいたれば、キルケゴールの言いたいことが大体わかったとばかりに、すらすら読んでいけるでしょうが、ここで重要なことは、彼の弁証法はきわめて微妙であって、――正統的ルター派のように――「神にとっての可能性」を信じる者と信じない者とに峻別するのではなく、両者は紙一重だということを押さえておかねばならない。これは、神に反攻することと神を信じることとが紙一重であることにつながります。

次からの文章は、こうしたことに注意しないと読み損ってしまうでしょう。

> 一般に人間というものは、望むらくは、察するに、とにかく、かくかくのことが自分の身にふりかかることはあるまい、と考えているだけのことである。そこで、それがふりかかってくると、彼は破滅するのである。向こう見ずな者は、いろんな可能性をはらんだ危険のなかへ跳び込んでゆく、そうしてその危険が彼の身にふりかかってくると、彼は絶望し、そして破滅するのである。
> （七五頁）

「向こう見ずな者」はダメなやつではない。むしろ、「いろんな可能性をはらんだ危険のなかへ跳び込んでゆく」のですから、見込みのある者です。「その危険が彼の身にふりかかってくると、彼は絶望し、そして破滅する」からこそ、「神にとっての可能性」に目が開かれる場所にいる。ですから、これに続く箇所も、この同じ男がそれを「信じる」というふうにつながっている。

> 信じる者は、自分がいかにして救われるかということ、これをまったく神に委ねる、そして、神にとっては一切が可能であることを、彼は信じるのである。自分の破滅を信じるなどということは不可能である。人間的にはそれが自分の破滅であることを悟りながら、しかもなお可能性を信じること、これが信じるということなのである。
> （七六頁）

というわけで、「向こう見ずな者」は、「危険が彼の身にふりかかってくる」と、「人間的にはそれが自分の破滅であることを悟りながら、しかもなお〔神にとっての〕可能性を信じる」という弁証法的状態にいたる。そして、「これが信じるということ」なのです。

しかし、甘美な絶望にがんじがらめになって何もせず家に閉じこもっている者は、こうした弁証法的状態にいたることはない。ただ、ぬるま湯のなかに浸かっていて、お湯が冷めるにまかせ、その果てには救いのない絶望しかないのです。

まさに、次の箇所こそ、キルケゴールの全身から発せられるメッセージではないでしょうか？　彼はここでたんなる物書き――あるいは思想家――から牧師に変身している。エスプリに充ちた文章を愉快に余裕たっぷりに書き続ける行為を一瞬忘れて、ここにいたって、真顔で人々を救おうとする伝道者に変身しています。

かくてこそ、神もまた彼を助ける〔原文、たもう〕のであって、おそらく、彼に怖るべきものを免れさせることによって、おそらくは、怖るべきもののただなかで、はからずも、奇蹟的に、神の救助が表われるという意味で怖るべきものそのものによって、助ける〔たもう〕のである。

（七六頁）

私は、神やイエスに日本語の敬語をつけて訳したものが嫌いであり、どうも私の美感にそぐわない――王様か殿様のようで、変に人間臭くなってしまいます――ので、その箇所はすべて敬語を取ります。

それはともかく、神は「おそらくは、怖るべきもののただなかで、はからずも、奇蹟的に、神の救助が表われるという意味で怖るべきものそのものによって、助ける」。「神の救助」は「怖るべきもののただなかで」生じるのであり、しかも「はからずも」、「奇蹟的に」生じるのであり、きわめつけは「怖るべきものそのものによって」生じるのです。ある男が絶望の余り人間的可能性を一切信じなくなったその瞬間に、まったく「別の方向」から「神の救助」がふっとやってくる。

こう言うのも、私は個人的にこれまでの人生でこのようなことを何度も経験してきたから、思いを籠めてこう言いたくなる。「神の救助」とは断言できませんが、たしかに人間的な思考ではもうにっちもさっちもいかなくなり、考えられる限りの可能性が鎖されたとき、ふっと一つの扉だけが開いていて、そこから淡い光が差し込んでいることに気づく。よろよろそちらのほうに歩いていくと、あれほど堅固に見えたバリアが一瞬に崩壊して、私は「外」に出ている……という体験です。

あとで、夢から覚めたように振り返ってみると、そういう「奇蹟」は、私がすべての道が鎖されたと心の底から確信するほど絶望しているとき、しかももはや何も期待しないときにのみ生ずる。まだアレもコレもあると余裕をもっているうちには、うまい抜け道はないかなあといろいろ計算しているうちは、絶対に生じない。私の乏しい体験からして、こうした言葉が、キルケゴールの体験そのものから出た言葉であることがわかります。

3　引き裂かれた態度

あえて奇蹟的にという、そのわけは、人間が奇蹟的に救われたなどというのは一八〇〇年前にのみ起こりえたことだとする臆断は、実に奇妙な知ったかぶりでしかないからである。ひとりの人間が奇蹟的に救われたかいなかは、本質的には、救助の不可能なことを、彼が悟性のいかなる情熱をもって悟っていたかにかかっており、さらに、それにもかかわらず彼を救ってくれた力に対して彼がいかに誠実であるかにかかっているのである。

（七六頁）

一八〇〇年前とは、イエスの出現によって奇蹟が行われたということを指している。ここの文脈では奇蹟とは「(神による)可能性」に重なり、奇蹟は一八〇〇年前に限られず、いまなお可能なのです。そのあとは、はやる心を抑えて(?)、「救助〔ひとりの人間が奇蹟的に救われたこと〕の不可能なことを、彼が悟性のいかなる情熱をもって悟っていたか」という部分をしっかり読まねばならない。

すなわち、彼――必然性の絶望に陥っている人――は、まず「救助(奇蹟)」が悟性(理論理性)によっては不可能であることを、「情熱をもって悟って」いることが必要なのです。そして、「それにもかかわらず」救助(奇蹟)の「力」を信じるということ、こうした「引き裂かれるほどの」二重の態度を有している彼こそ「誠実である」のです。

ですから、この場合の「誠実」には含蓄があります。初めからぼんやりした神秘的感情に突き動かされて救助を信じるのではなく、一方において、悟性(理論理性)の見地から救助は不合理であるとしっかり把握した上で、「それにもかかわらず」それは可能だと信じることなのですから。キルケゴールによれば、こうした――もう一度使います――「引き裂かれた」態度こそ「誠実」なのです。

しかしふつう人々はそのどちらをもなさない。人々は、救いを見いだそうと自分の悟性のありったけの力を働かせてみたこともないくせに、救済は不可能だ、と叫びたてるのである、そしてあ

とになってから、恩知らずにも、彼らは嘘をつくのである。（七七頁）

しかし、「ふつう人々は」それほど誠実ではない。すなわち、悟性の見地から徹底的に救助（奇蹟）の不可能性を突き詰めるわけでもなく、それゆえに、それとは真っ向から矛盾する神の可能性を信じるわけでもない。こういういい加減な態度でいるゆえに、彼らがたまたま窮地を脱することがあると、軽い気持ちで「神に感謝」して、「恩知らずにも、〔神の可能性の威力など心底信じていないくせに、あたかも信じる振りをして〕彼らは嘘をつく」のです。

信じる者は、可能性という、絶望に対する永遠に確かな解毒剤を所有している。なぜなら、神にとっては、あらゆる瞬間に、一切が可能だからである。これが信仰の健康であり、この健康がもろもろの矛盾を解くのである。この場合、矛盾とは、人間的にいえば、破滅が確かであること、しかもそれにもかかわらず、可能性が存するということである。（七七頁）

このあたりから、この書の著者は詩人（作家）から牧師に変身してくる。エスプリとイロニーの効いた痛快な文章から、まじめでストレートな説教調に変化してくる。この書はここで言う両者が適度な間隔を置いて出没し、——扉にあるように——人間の心を抉り出し（心理学的）、かつ信仰への誘いの書（教化的）になっていることは、初めに確認しました（本書一〇—一二頁参照）。

この背景には、概念の弁証法的運動を重ねることによる、まどろっこしい矛盾解決を提案しているヘーゲルに対する敵視がある。キルケゴールにとっては必然性と可能性とのあいだの「矛盾」は「信仰の健康」によって一挙に解消される。すなわち、「人間的にいえば、破滅が確かであること、しかもそれにもかかわらず、可能性が存するという」矛盾は、真の信仰すなわち信仰の健康状態が取り戻されれば、――破滅しないという――可能性の方向で解消されるのです。

ここで、キルケゴールは「健康」という言葉に無性にこだわります。

健康とは、一般的にいえば、矛盾を解きうるということである。肉体的、あるいは生理的にいっても、そうである。呼吸はひとつの矛盾である。なぜなら、呼吸は、乖離した、あるいは非弁証法的な、冷と温とだからである。しかし、健康な身体はこの矛盾を解いている。そして、呼吸していることに気づかない。信仰もまたそれと同じである。（七七頁）

さて、ここを対話のための課題にしましょう。

対話 10

そもそも、この書のタイトルは『死にいたる病』であったはずで、そうすると「健康」をこんなにも賛美していいものだろうか？　という疑問も浮かぶと思いますが。

いまキルケゴールは何を論じているのでしょうか？　「可能性を欠く絶望」についてです。ちょっと前までは、逆に「必然性を欠く絶望」について論じていました。これらの絶望は、絶望のなかでも偏った形態なのですが、それを「健康ではない」と喩えている。「健康とは、一般的にいえば、矛盾を解きうるということ」ですから、この状態に陥った者は「矛盾を解きえない」ことになり、それを「冷と温」の「呼吸」で表わしている。

われわれ人間は生きている――生きようとする――限り呼吸せざるをえないのですが、「健康」と「病気」とはどこで区別されるのかというと、「呼吸していることに気づかない」状態か、それとも「気がついている状態」かによってです。しかも、ここにははっきり出ていませんが――しかし読み取れる――、健康には二種類あって、ただの生理的健康――むしろ、これがいちばん下位にくると言っていい――と「信仰」という名の健康です。この中間に「絶望」という病気が位置する。

「呼吸は、乖離した、或いは非弁証法的な、冷と温」だというのもヒントであって、呼吸に気がついている場合は、吸うこと（冷）と吐くこと（温）は、ただの真逆の――乖離した――矛盾である。「非弁証法的」とは「乖離した矛盾」と同じこと。まあ、健康ではないので、呼吸のたびごとにゼーゼー音を出して苦しいのでしょう。しかし、われわれは、この矛盾を弁証法的に高めることができる。それが「矛盾を解く」ということです。

ここまでは多くの聴講者が要点をつかんでいましたが、ここからあとで差がつきました。すなわち、さらに、ここに「可能性」と「必然性」とを読み込まねばならないのです――これをきちんと表現しているのはお一人だけですが、あとお二人も気がついている。「(外界の冷気を) 吸うこと」に必然性を「(暖かい息を) 吐くこと」に可能性を配分しますと、病気の者は、この矛盾を解消できなくて、悩み苦しむ。その極限形態が可能性だけ（息を吐くだけ）、あるいは必然性だけ（息を吸うだけ）にしがみつく苦しい生き方です。

しかし、可能性と必然性とはじつは矛盾ではなく、さらに高い——異質の——可能性のなかに解消しえる。これが、生理的呼吸の有する矛盾を解消して、さらに高い可能性②のもとで、気がつかずに「呼吸できている」ということです。そのさい、誰も察知してくれなかったのですが、「神とは、つまり、一切が可能であることなのである」（七八頁）とあるように、「可能性」の意味がここで変質している。この可能性②のみが、可能性①と必然性との矛盾から絶望状態にある人間を解放してくれるのです。

しかも、この段階にいたり、「呼吸していることに気がつかない」というのは、そこに人間の側の意図的なものが一切含まれていないということでしょう。ここには、ヘーゲルとは異なるキルケゴール独自の弁証法が隠されていて、ヘーゲルのように、「必然性が可能性と現実性との統一なのではなく、そうではなくて、現実性が可能性と必然性との統一なのである」（七一頁）というわけですから、ここで人間は現実性にいたる。すなわち神の可能性②によって人間は現実性（自己自身）にいたるのです。

4　決定論者と宿命論者

次は、原文では行変えがありますが、それを無視して引用していきます。

可能性を欠くということは、或る人にとって、一切のものが必然的になってしまったことを意味するか、それとも、一切が日常茶飯事となってしまったことを意味するか、そのいずれかである。決定論者、宿命論者は、絶望しており、絶望者として、その自己を失っている、彼にとっては、一切が必然だからである。彼は、一切の飲食物が金に変わってしまったために、飢えて死んだあの王様のようなものである。（七七頁）

このあたりからキルケゴールは、また茶目っ気を発揮しておとぎ話〔訳注〔桝田注（79）〕を参照〕を語り出すように語る——というのはいいでしょう。しかし、「（神の）可能性を欠く」仕方で必然性の絶望に陥っている人には二種類あるのですが、後の「一切が日常的茶飯事となってしまったことを意味する」のはわかるとしても、前の「一切が必然的になってしまったことを意味する」というのがわからなくなる。

これは、少なくとも、「一切が日常茶飯事となってしまったのではない人」を意味しますから、先に挙げられたシェイクスピアの悲劇の主人公タイプの人でしょうか？　どうも、最後まで読んでもはっきりしないので、ここはペンディングにして進んで行きましょう。

このあと、キルケゴールが論じているのは、後に属する「決定論者、宿命論者」だけであって、そのあとの愚かな王様の話から推察するに、たぶん「日常茶飯事」と「一切の飲食物」とが重なっていて、必然的なルールに合わせて生きるのが最も有利だとみなして生きていくうちに、身動きできなくなり、息も絶え絶えの人でしょう——この背後にヘーゲル批判の臭いがする。

人格というものは、可能性と必然性との綜合である。したがって、人格の存立は、息を吸い込んだり吐き出したりする呼吸（呼吸作用）と同じことである。決定論者の自己は、息をすることができないのである。なぜかというに、ただ必然的なものだけを呼吸するということは不可能であって、それでは人間の自己は窒息させられてしまうだけのことだからである。（七七─七八頁）

呼吸の比喩は、吸い込むことと吐き出すこととの「矛盾」によって呼吸は成り立っていて、それが生きることであり、このことを言いかえれば、この矛盾を拒否しては呼吸できなくなり、生きてはいられないということです。もちろん、ここには──先に指摘したように──、こうした生理的矛盾としての呼吸と、可能性と必然性との矛盾をしっかり受け入れなければ、真の意味で──信仰をもって──生きられない、ということが重ね合わされている。

──宿命論者は絶望しており、神を失い、したがって、自分の自己を失っている。神をもたない者は、また自己をも持たないからである。ところが、宿命論者は神をもたない。あるいは、ここでは同じことであるが、彼の神は必然性なのである。すなわち、神にとっては一切が可能であるように、神とは、つまり、一切が可能であるということなのである。（七八頁）

ここにいたって──やっと？──、キルケゴールの言う「宿命論者」が、沈黙して掟に従うような従順なクリスチャンを意味していることがわかり、そのうえで、彼が「宿命論者は神をもたない」と断言していることが注目されます。すなわち、黙々と掟に従う彼らは、「最も神をもっている」ように見えるからこそ、キルケゴールはあえてその態度を正面から否定するのでしょう。

彼らは一見、神の無限の可能性を信じているふうですが、可能性と必然性とのあいだの矛盾をとらえないのであり、すなわち自分に与えられたものの必然性（宿命）に悩み苦しむことがない。それは、キルケゴールの目線では欺瞞的であり、「誠実」ではない、ということになります。

それだから、宿命論者の礼拝は、せいぜい、感嘆詞にすぎず、本質的には、沈黙であり、沈黙の服従である、彼は祈ることができない。祈ることは呼吸することでもあり、可能性と自己との関係は、酸素と呼吸との関係に等しい。ところが、人間がただ酸素だけを、あるいはただ窒素だけを呼吸することができないように、祈りという呼吸も、ただ可能性だけでは、あるいは必然性だけでは、これを引き起こすことはできない。（七八頁）

ここも、これまでの繰り返しと言っていい内容なので、ほとんど解説する必要はないでしょう。「祈ることができない」ということは、先に言った、「可能性を欠くことは、いわば黙っているようなものである」（七一頁）という箇所に呼応します。そして、宿命論者は、いかにも日々、真剣に「祈って」いるように見えますが、キルケゴールにとっては、それは真に呼吸する（生きる）ことを伴う「祈り」ではなく、ただの内容空虚な吐息にすぎないのです。

あとは、繰り返しですから、全文の引用は控えますが、このあたりから、次第にキルケゴールの実存的苛立ちが顕著になってくる。神の無限の可能性を紋切り型に信じ、自分に与えられたものを宿命（必然性）として受け入れる正統的ルター派の模範的クリスチャンの死んだような態度からは、キルケゴールによれば、真の信仰は成立しないのです。

一切が可能であることを悟ることによって精神となるほどまでに自己の本質が震撼せしめられた人のみが、神との関係にはいったと言えるのである。神の意志が実現可能なものであるからこそ、わたしは祈ることができるのである。

（七八―七九頁）

まさに、これこそキルケゴールの信仰告白でしょう。そして、こうして「神との関係にはいった」人には、「神の意志が〔一切を〕実現〔することが〕可能なものである」ことを確信するからこそ、祈っても祈っても自分固有の可能性が実現されないとき、ますます深く絶望し、神に反抗しさえするのです。ここに、すでに「絶望の最高段階」としての「神への反抗」という姿勢が隠されていることを見抜かねばなりません。

5　俗物根性と決定論・宿命論

もし神の意志が必然的なものでしかないとしたら、人間は本質的に、動物と同じように、もの言わぬものであろう。

（七九頁）

これを対話のための課題にしましょう。

キルケゴールはずっと「必然性」と「可能性」とにこだわっていて、前者は、「服従する力」（七一頁）なのですが、これに「自己」が絡んでいて、「自分の自己のうちにある必然的なもの、これは、自己の限界とも呼ばれるべきもの」、「に頭を下げる力」（同頁）です。

そして、後者は両義的であって、まず第一に「自己自身の可能性においては……、一切が可能である」（七二頁）ので、「可能性のなかをあらゆる仕方でさまよい歩ける」（七二頁）のですが、これは「自己はまだ自己自身から遠く離れており、あるいは、半分だけ自己自身であるにすぎない」（七二頁）という人間的可能性の意味。第二に、「決定的なことは、神にとっては一切が可能である」（七四頁）ゆえに、「人間的にいって、もはやいかなる可能性も存在しなくなるとき、そのときはじめて、このことばは決定的な意味をもってくる」（七四頁）という神の可能性の意味。

したがって、神の意志は、各人に自己の限界を知らせる必然的なものであるとともに、その人間的可能性の限界をも越える可能性を示す、ということ。後者がなければ、人間はただ神の命令に従うだけの、「もの言わぬものであろう」ということ。

人間は「もの言うもの」であり、自己の限界を知りながら、同時に神に問いかけ、その言葉を聞き、限界を越えることも可能なものだということ。そして、課題の文書は、「可能性のなかをさまよい歩くことを、子供が回らぬ舌で母音を発音することにたとえるなら、必然性を欠くことはいわば黙っているようなものである」（七一頁）に直結します。これは、とくにプロテスタンティズムに強く、ルターの「神の前（coram Deo）」とは、単に神の声を聞くだけではなく、神に問いかけることです。ヨブのように、「なぜ自分がこんな過酷な運命を負わなければならないのか？」を問い続けること。

これは、キルケゴールにいたってますます強くなってくる。「自分の自己のうちにある必然的なもの、自己の限界とも呼ばれるべきもの」――例えばセムシであること――には何らかの神の意図があるとして「頭を下げ」ながら、やはり「神にとっては一切が可能である」ゆえに、「なぜなのか？」と問い続けるのです。

すなわち「一切が可能」な神に向かって奇蹟を期待するというのが、伝来の態度ですが――この書が「死から蘇ったラザロの話」（一九頁）から始まっていることを思い出してください――、キルケゴールにとっては、「もの言わぬ」動物ではなく、「もの言う」人間は、『（旧約）聖書』「ヨブ記」のヨブのように、どこまでも「わからない」という態度で神に反抗し続けるべきなのです。

俗物根性にも卑俗さにも本質的に可能性が欠けているが、この場合には少し事情が違っている。俗物根性は無精神性であり、決定論と宿命論は精神の絶望である。しかし、無精神性もまた絶望である。俗物根性は精神のあらゆる規定を欠いており、蓋然的なもののうちに終始するが、そこへは可能的なものの入りこむ余地はほんのわずかしかない。それだから、俗物根性には神に気づくための可能性が欠けている。（七九頁）

しかし、ここで「俗物根性」と訳された語に注意しなければならない。このドイツ語は“Spießbürgerlichkeit”であって、“Spieß”とは「槍」のことであり、馬をもたず、槍だけで武装した市民ですから、直訳すれば「小市民性」、それが転じて当時の感覚では「ブルジョア」ないし「知識人」の心情です。ちょうど、ニーチェの「蓄群」のように、言葉の響きがひどく軽蔑的ですが、キルケゴールの場合は、とくにきちんと教会に通っている「立派な市民」、すなわち「(ルター派の)正統的クリスチャンのこと」です。ちなみに他の翻訳を見てみると、斎藤訳(岩波文庫)も鈴木訳(講談社学芸文庫)も「俗物性」、もう一つ、松浪信三郎・飯島宗享訳(白水社)はこの桝田訳と同じ「俗物根性」です。

ちょっとこだわりますが、われわれの学生時代、攻撃の対象は「プチブル・インテリ」であり、その典型が大学教授でした。こうした感覚で、われわれは「俗物」と聞くと、ごくすらっと学識も教養も財産もある立派な紳士……というイメージが浮かんでくるのですが、それをいまの若い人に期待しても無理かもしれません。

なお、並んで書いてある「卑俗さ」のドイツ語は“Trivialität”であって、斎藤訳は「日常性」、鈴木訳は「陳腐なこと」、そして松浪・飯島訳は「平凡」となっていて、分かれます。“trivial“という英語からも推察できるように、楽に単純に物事を考えていて、うまく人生を渡っている人、と言っても、この場合は何をやってもうだつが上がらない社会的不適格者ではなく、むしろ世才に長けた勤勉な常識家のことです。熱心に教会に通って、牧師の説教に真剣に耳を傾け、それに何の疑いももたない人でしょう。

これが「無精神性」であることについてはいいでしょう。キルケゴールの場合、「精神」とは「自己」ですから、すなわち「自己がない」こと、「自己のなかの永遠なもの」を見ないこと。

「規定」はドイツ語では“Bestimmung”英語では“determination”であって、「決定づけるもの」。ここでは、(真の)信仰へと決定づけるものであって、「俗物根性」にはそれが欠けていて、「蓋然的なもののうちに終始するが、そこへ可能的なもの〔先に言った可能性②〕の入りこむ余地はほんのわずかしかない」というわけで、わかるでしょう。

すなわち、右のようなプチブル・インテリは、いかにも紋切り型によきクリスチャンのように見えるけれど、すべては外見だけであって「自己」をもっていない。教会の教え通りに生きていて、教え通りに善いことをして、まさに「自己」のなかで「神に気づくための可能性」、すなわち神との格闘がないのです。

こう見てくると、課題の解答をもう少し抉ってみる必要があるかもしれません。(真の)信仰とは、単に呼吸に「気づかない」だけではなく、じつはその矛盾(格闘)を痛いほど知っている、知っていて、その痛みを「可能性②」のもとで克服したのであり、いわば「能動的気づかなさ」とも言えましょう。

6 俗物根性の生態

このあとは、例によってキルケゴールが「のって」書いた部分であり、読めばわかるので、後ろから三行目の「……人間に教えなくてはならない」まで、引用をカットします。一つだけコメントを加えますと、「飽和量」とは後ろの注にもありますが、(人間的な)限界量のこと。可能性②はこの限界量を「超えたものを可能ならしめる」(七九頁)のです。

続いてキルケゴールは、俗物(根性)を外科医のように切り刻みます。

> ところが、俗物は想像力をもっていないし、またもとうともしない、むしろ想像力を嫌うのである。それゆえ、ここには救いというものがない。それだから、ときおり、日常の経験の猿知恵を越えたような恐ろしいことどもをひっさげて、人世〔現存在〕が救助にくると、俗物根性は絶望してしまう、つまり、自分が絶望の状態にあったことが顕《あら》わになってくるのである。こうして、神によって、自己を確実な破滅から救い出すことのできるための信仰の可能性が、俗物根性には欠けているのである。
>
> （七九—八〇頁）

こうした俗物の態度も、私が右で解説した「俗物根性」とか「卑俗さ」という概念から引き出せるのですが、わかりましょうか？　なお、先にも触れましたが、「人世」では何のことかわからないので、「人世〔現存在〕」と補足しておきます。

　ということは、俗物たちは自分がいま実現している快適な調和ある人生に自己満足しているので、「日常の経験の猿知恵を越えたような恐ろしいことども」など聞きたくない。まさに、サルトルの自己欺瞞の状態であり、じつはうすうす自分が自分をごまかしていることを知っているので、それが顕わになることを怖れているのです。

　この後、片や「宿命論と決定論」、片や「俗物根性」が渾然となっていて、わかりにくくはないのですが、もっと整理して書けないものかと思います……。

> 宿命論と決定論は、しかし、可能性に絶望するだけの想像力を、不可能性を発見するだけの可能性をもっている。俗物性は日常茶飯事に安住しており、羽振りがよかろうと苦境にあろうと、ひ

としく絶望しているのである。宿命論と決定論には、緊張をゆるめやわらげる可能性が、必然性を調節する可能性が、つまり緩和作用としての可能性が欠けており、俗物根性には、無精神性からの覚醒作用としての可能性が欠けているのである。

（八〇頁）

宿命論と決定論は必然性にがんじがらめになりながら、「可能性に絶望するだけの想像力（すなわち可能性）」はもっているのですし、言いかえれば、「何もかも不可能だという蜃気楼を発見するだけの可能性（想像力）」はもっているというわけです。

その後、宿命論や決定論にも、俗物根性にも、それぞれ可能性が欠けていると言うのですが、いいでしょうか？　両者は「こうだ」と断定して、それ以外の可能性（選択肢）を見ようとしないところで一致しているのですから。「緩和作用としての可能性」も「無精神性からの覚醒作用としての可能性」も、すぐにわかるのではないかと思います。

このあと、キルケゴールの筆（言葉）は冴え渡ります。

おもうに、俗物根性は、可能性を思いのままに処理できるつもりでいる、この巨大な弾力性を蓋然的なものの罠《わな》ないし癲狂院《てんきょういん》のなかへおびき入れたつもりでいる、つまり、それをとりこにしたつもりでいる、可能性をとりこにして蓋然性の檻《おり》へ入れてひきずりまわし、見せ物にして、それで自分が可能性の主人になったものとうぬぼれている。

（八〇頁）

さて、鮮やかなイメージを書き立てるこの箇所を、対話のための課題にしましょう。

対話12

まず、確認しておくと、「俗物根性」は「無精神性」（七九頁）に塗れていて、「神に気づくための可能性が欠けている」（同）のです。「想像力を働かせることもなく、日常茶飯事の経験の寄せ集めのなかで生活している」（同）のであって、付け加えると徹底的に科学的かつ理性的すなわち経験主義的であって、当時のバランスの効いた知識人の態度です。

破天荒な奇蹟や神の怒りが渦巻く聖書物語などは「癲狂院のなかへおびき入れたつもり」でいて、「蓋然性の檻へ入れてひきずりまわし、見せ物にして、それで自分が〔こうしたバカげた、前近代的な〕可能性の主人になったものと〔完全に支配したものと〕うぬぼれている」というのですから、すらっとわかるではありませんか？

しかし実は、かえってそれによって、自分自身がとりこになって、無精神性の奴隷となり、何よりもいちばん憐れなものになっていることに気づかないのである。すなわち、可能性のなかに迷い込む者は、向こう見ずな絶望によって宙に跳び上がり、一切が必然と化した者は、絶望におしつぶされて人世の重みにくじけるが、俗物根性は精神がないおかげで勝ちほこるわけである。（八〇頁）

次に進みます。

俗物根性はこうして可能性――これは先の可能性①と可能性②を含むものでしょうが、とくに可能性②――を支配したつもりになっているのですが、じつは、自分が可能性から支配されている（打ち負かされている）ことに気がつかない。

このあとの箇所は、適度に補足すれば読めると思います。すなわち「可能性のなかに迷い込む者は、向こう見ずな絶望によって宙に跳び上がり〔大ショックを受けるが〕、一切が必然と化した者〔宿命論者や決定論者〕は、絶望におしつぶされて人世〔現存在〕の重みにくじける〔だからまだ見込みがある〕」。

しかし、俗物根性は、これにもめげず、まさにその無精神性――すなわち「自己」がないこと――によって、その状態に気づかず、むしろ最後まで可能性を退治したと思いこんで「勝ちほこる」、ということです。

プチブル・インテリは、場合によっては聖書学者や哲学教授であってもよく、国教会の教え通りの聖書解釈をしていて、あるいはそこから導かれる道徳を身につけている。こうした武器によって、人生において次々に襲ってくる危機も「自己」のなさによって乗り越え、キルケゴールのようなヤクザな輩の主張などてんで相手にしないでしっしっと追い払う。そして、いつまでも自分の正しさを「勝ちほこる」という感じでしょうか？　つまり、いつでもどこにでも跋扈《ばっこ》している、勤勉で・品行方正で・権威主義的な・俗物根性の持ち主です。

あとがきにかえて――哲学書の読み方

普通「あとがき」に書くべきこと、すなわちキルケゴールとの出会い、本書の成り立ち、本書で扱った主人公（キルケゴール）の概要などは「はじめに」に書いてしまったので、ここでは、「あとがき」の通例をあえて破って哲学書の読み方についてちょっと語ってみましょう。哲学書（とくに古典）を「読む」、いや「読んでわかる」とはどういうことでしょうか？

私は大学教師として哲学科に所属したことはなく、自分が（勝手に）つくった「無用塾」や「哲学塾」さらには新型コロナ禍のなかで始めた「通信教育」などによって、哲学を教えてきましたが、その大半は哲学の古典を徹底的にしかも体感的に読み解くという作業でした。「あたまでわかる」のではなく「からだでわかる」ことを目指したのです。すばらしい哲学書は、私の「からだ」に衝撃を与え、その後しばらくはその言葉が頭のなかでがんがん響いて止まない。しばらく「からだ」のなかにその言葉が棲みつき荒らしまわる。何をしてもその言葉が抜けず、寝ても醒めてもずっとその言葉の意味を「考えてしまって」いる。そうすると、あるとき、思いがけずその文章あるいはその言葉の意味がふっと「わかった」という感じがする。そのわかり方はじつに印象的であり、「そうに違いない！」という確信を伴っていて、その瞬間は他の何によっても代えられないほどの喜びと充実を感じる。風呂から裸で駆け出したというアルキメデスのような心境、と言ったらいいでしょうか？

それからしばらくは、それを他人にしゃべりたくて仕方ない。その洞察の深さに、あっと驚いてもらいたくて仕方ない。そして、……絶賛の言葉を期待して胸膨らませてしゃべると、こてんこてんにやっつけられる。若いころからこういう体験の連続でした。

こんなことをそれこそバカのように執拗に繰り返していくうちに、いつごろからでしょうか？　そうですね、三〇代も後半になり、ウィーンで哲学の修業時代を終えようとしていたころ、ドイツ語でヨーロッパ人と互角に議論し、場合によっては打ち負かせるという自信がついたころ（これから以降は老人ボケとお笑いください）、どんな難解な哲学者の文章でもしばらく掌のなかでころがしていくうちに、そこから発するさまざまな複雑な「信号」を正確にキャッチできるようになった。さらに傲慢至極にも、ほとんどの哲学仲間より「読める」という自信がついてきた。しかし、すべてではありません。論理を駆使したパズル感覚の（分析哲学系の？）文章は苦手ですが、人間について総体的にかつ鋭く論ずるものなら、デカルトでも、スピノザでも、ヒュームでも、ロックでも、カントでも、ヘーゲルでも、キルケゴールでも、ニーチェでも、フッサールでも、ベルクソンでも、ハイデガーでも、どこまでも著者の「気持ちになって」考えに考え、しばらく奮闘を続けるとほぼ正確に読めてしまう。

そのさい、カントのあの悪文ほどこの訓練にいい教材はありません。絶対に妥協せず、途中で放棄しない。モーゼス・メンデルスゾーンが「すべてを嚙み砕くカント」とカントを揶揄しましたが、その当のカントが「私は他人が思考を止めたところから考え始める」と言ったように、もう無理じゃないかと思われてもどこまでも「読み砕く」のです。

そこで、本書では、その「秘訣」の一端を披露してみた次第です。とくにキルケゴールのような哲学者の場合は、そのロジカルな思考内容のみならず、そのイロニーを読み取ることが読解力のかなりの部分を占め、まさにこの感受性を教えること（皮肉がわからない人に皮肉のありかを教え、その可笑しさを教えること）は至難の技。アイロニカルに世界を、人間を見てこなかった人にキルケゴールのイロニー（アイロニー）を気づかせること、まして、その絶妙な可笑しさを教えることはほとんど不可能です。あんまり微に入り細を穿って「親切に説明する」と可笑しくなくなってしまいますからね。しかも、その矛先がヘーゲルならびにヘーゲル学派一色であったデンマーク国教会に対するイロニーなのですから、ハードルは相当高い。

それにもかかわらず、こうして、コロナ禍中の通信教育というかたちで産声を上げたテキストが今回単行本にまで「成長した」のは受講者たちのおかげです。もともと、各回に「課題」として本文の一箇所を解釈するという問題を出しましたが、少なからぬ受講者が熱心にそれと格闘してくれました（それらが本書では「対話」というかたちになっています）。しかし、私は異様に厳しい教師（？）なので、そのほとんどに満足できない。みな、とてもまじめに解釈してくれ、大筋は「合っている」のですが、その言葉に付着するキルケゴールの怒り、苛立ち、憔悴、尊大、軽蔑、茶化し、自暴自棄……等々の色合いを読み取ってくれない。すなわち、論理的筋道はどうにかとらえても感情の筋道（動き）を正確にとらえてくれない。だから、なぜ文章Aのあとに文章Bがくるのかがわからない。論理的には繋がるはずのない文章が感情の動きのうえではすらっと繋がるのですから。

というわけで、本書は、こうした読者たちに「教えよう」と懸命に書き続け。気がついたら彼らから「(教え方を）教えられ」てできたもの。ですから、本書は世にあまた存在するキルケゴールの解説書ではなく、『死にいたる病』という古典中の古典である（しかも相当くせのある）哲学書の「読み方」の指南書です。というわけで、本書を通じて哲学書について「何を読むか」ではなく、「いかに読むか」をつかんでもらえれば、（すなおに？）嬉しく思います。

最後に、数十人相手の通信教育で終わるはずのテキストが、こういう単行本のかたちで「生き延びる」ことを許してくれたぷねうま舎の中川和夫さんにあつく感謝いたします。

二〇二二年一〇月一〇日

五八年前の東京オリンピック開会式を思い出しながら、雨のそぼ降る肌寒い日に

中島義道

中島義道

1946年生まれ. 東京大学法学部卒. 同大学院人文科学研究科修士課程修了. ウィーン大学基礎総合学部修了（哲学博士）. 電気通信大学教授を経て, 現在は哲学塾主宰.

著書に,『カントの時間構成の理論』（理想社. のち改題『カントの時間論』講談社学術文庫),『時間を哲学する――過去はどこへ行ったのか』(講談社現代新書),『哲学の教科書』(講談社学術文庫),『モラリストとしてのカント１』(北樹出版. のち改題『カントの人間学』講談社現代新書),『時間論』(ちくま学芸文庫),『「私」の秘密――私はなぜ〈いま・ここ〉にいないのか』(講談社学術文庫),『カントの自我論』(日本評論社. のち岩波現代文庫),『悪について』(岩波新書),『後悔と自責の哲学』(河出文庫),『「死」を哲学する』(岩波書店),『差別感情の哲学』(講談社学術文庫),『悪への自由――カント倫理学の深層文法』(勁草書房. のち改題『カントの「悪」論』講談社学術文庫),『哲学塾授業――難解書物の読み解き方』(講談社. のち改題『哲学塾の風景――哲学書を読み解く』講談社学術文庫),『ニーチェ――ニヒリズムを生きる』(河出ブックス. のち改題『過酷なるニーチェ』河出文庫),『生き生きした過去――大森荘蔵の時間論, その批判的解読』(河出書房新社),『不在の哲学』(ちくま学芸文庫),『時間と死――不在と無のあいだで』(ぷねうま舎),『明るく死ぬための哲学』(文藝春秋),『死の練習――シニアのための哲学入門』(ワニブックスPLUS新書),『晩年のカント』(講談社現代新書）など.

てってい的にキルケゴール　その一
絶望ってなんだ

2022年11月25日　第１刷発行

著　者　中島義道《なかじまよしみち》

発行者　中川和夫

発行所　株式会社 ぷねうま舎
〒162-0805　東京都新宿区矢来町122　第二矢来ビル3F
電話 03-5228-5842　　ファックス 03-5228-5843
http://www.pneumasha.com

印刷・製本　中央精版印刷株式会社

ISBN 978-4-910154-38-1　　Printed in Japan